W0289856

◆ Michel Saint-Onge ◆

Moi j'enseigne, *mais eux* apprennent-ils ?

COLLECTION AGORA

Chronique Sociale

Beauchemin

Moi j'enseigne, mais eux apprennent-ils ?

© 2000
Groupe Beauchemin, éditeur ltée
3281, avenue Jean-Béraud
Chomedey, Laval (Québec) H7T 2L2
Tél.: (514) 334-5912
Téléc.: (450) 688-6269
ISBN: 2-7616-0534-9

Diffusion Europe:
Chronique Sociale
7, rue du Plat
69002 Lyon
France
Tél.: 04.78.37.22.12 Téléc.: 04.78.42.03.18

Tous droits de traduction et d'adaptation, en partie ou en totalité, réservés pour tous les pays. La reproduction d'un extrait quelconque de ce livre, par quelque procédé que ce soit, tant électronique que mécanique, en particulier par photocopie et par microfilm, est interdite sans l'autorisation écrite de l'éditeur.

Dépôt légal: 1er trimestre 2000
Bibliothèque nationale du Québec
Bibliothèque nationale du Canada

Impression: Imprimeries Transcontinental

Imprimé au Canada
1 2 3 4 5 04 03 02 01 00

À Abdelhadi et Diane,
qui connaissent comme moi
les joies et les peines
du métier d'enseignant.

Table des matières

TROISIÈME PARTIE :

Présentation

« ENSEIGNER, c'est transmettre ses connaissances. » Voilà une définition courante de l'enseignement qui limite considérablement la compréhension qu'on peut avoir de cette activité professionnelle. En effet, si enseigner ne consiste qu'à « proclamer », « énoncer », « dire », « verbaliser » ses propres connaissances, la condition quasi unique d'efficacité de l'enseignement, c'est la simple maîtrise de la matière à enseigner. Dès lors, il ne peut exister de problème pédagogique. Il ne peut y avoir de savoir propre aux enseignantes et aux enseignants ; il ne peut y avoir de pédagogie. Il ne peut y avoir qu'une plus ou moins grande connaissance des matières scolaires par les professeurs.

En 1900, G. de Lamarzelle écrivait : « Il y a (...) une sorte de crainte, de dédain, presque de mépris, à l'égard de la pédagogie. Il semble qu'il soit acquis qu'on naît professeur, qu'il n'y ait pas à apprendre ce métier-là. ». Jusqu'à tout dernièrement, la pédagogie apparaissait à de nombreux professeurs non pas comme le savoir propre de leur profession, mais bien comme un discours sur une pratique professionnelle autre que la leur. Faire de la pédagogie, c'était pratiquement chercher à faire autre chose que d'enseigner sa matière. C'était pour ainsi dire chercher des moyens pour animer les élèves indépendamment de ce qu'ils avaient à apprendre. Heureusement, on comprend aujourd'hui la pédagogie bien autrement.

L'expérience a démontré que la seule connaissance de la matière à enseigner n'assure pas que cette connaissance se développe chez les élèves. On réalise que ce n'est pas la proclamation, l'exposé devant les élèves, de notre propre savoir qui suffit à mettre en activité le processus d'apprentissage chez ceux-ci. Enseigner apparaît comme l'établissement d'une relation avec des personnes, une relation qui entraîne l'autre dans une démarche de construction de son propre savoir dans un champ déterminé. C'est un type de relation bien particulier : c'est une relation qui fait apprendre. Car, quoi qu'on enseigne, on l'enseigne toujours pour que l'élève l'apprenne. Cela se produit dans une relation bien plus complexe que le simple énoncé de son propre savoir. Toute la compétence des enseignantes et des enseignants réside précisément dans le savoir nécessaire à l'établissement de la relation pédagogique. Il s'agit d'établir un type de relation très particulier : une relation qui met en activité le processus d'apprentissage en fonction de capacités particulières à acquérir.

Ce livre veut fournir des pistes de réflexion pour conduire à une compréhension de l'enseignement qui dépasse le simple phénomène de la transmission interprété comme l'énoncé de son propre savoir. Il s'adresse tout particulièrement aux enseignantes et aux enseignants en exercice qui veulent renouveler le sens qu'ils donnent à leur activité professionnelle.

Il s'adresse également aux conseillers pédagogiques dont la fonction est d'accompagner les professeurs dans de telles réflexions. Il s'adresse enfin aux étudiantes et aux étudiants qui, à l'université, se préparent à enseigner. À toutes ces personnes, ce livre offre des éléments permettant de construire, sur la base de ce qu'elles savent déjà, un modèle conceptuel de l'enseignement qui dépasse l'idée commune qu'on s'en fait généralement. Il favorise l'élaboration progressive d'une conception systémique des rapports de l'enseignement et de l'apprentissage. Il constitue ainsi une introduction à la psychopédagogie comprise dans la perspective de l'approche cognitive.

Ce livre reprend trois documents déjà parus dans le cadre des activités de l'Association québécoise de pédagogie collégiale. Parce que le propos de ces documents touchait le fondement de tout enseignement, ils ont été réunis pour constituer une réflexion sur l'enseignement et l'apprentissage. Chacun de ces documents correspond à une partie du livre.

La première partie du livre est constituée d'une série d'articles intitulée MOI J'ENSEIGNE, MAIS EUX APPRENNENT-ILS?. En examinant huit postulats sur lesquels repose l'idée qu'il suffit de faire l'exposé de ses connaissances pour prétendre faire de l'enseignement, nous découvrons progressivement que les exigences professionnelles découlent des caractéristiques du processus d'apprentissage et s'imposent de ce fait aux pratiques d'enseignement. On croit souvent qu'enseigner c'est donner des cours, faire des leçons, transmettre les connaissances qui apparaissent au programme. Ici, l'enseignement est redécouvert du fait que le problème est celui de faire apprendre et non celui de faire la classe. Cette série de réflexions veut conduire le lecteur à comprendre la complexité de la relation pédagogique comme conséquence de la complexité des apprentissages. L'apprentissage n'est jamais étudié en soi, indépendamment de la relation pédagogique, du contexte scolaire ; il est toujours abordé à partir des pratiques d'enseignement. On établit alors le rapport entre ce que fait l'enseignante ou l'enseignant et ce que l'élève fait. C'est ainsi que les activités prévues par l'enseignement se lient aux activités intellectuelles nécessaires à l'apprentissage. C'est par cette mise en relation que l'enseignement prend toute sa signification, que le modèle conceptuel de la profession d'enseignant se construit.

La deuxième partie du livre porte sur L'ÉTUDE. L'enseignement a pour fonction d'activer et de guider le processus d'apprentissage. Cela ne suppose pas que ce processus soit inactif en dehors de la présence du professeur, en dehors de la salle de classe. Tout comme le médecin qui collabore au bon fonctionnement du processus de guérison et qui n'en contrôle pas chaque étape une fois sa prescription donnée, le professeur qui collabore au processus d'apprentissage n'a pas à contrôler dans le détail les étapes des transformations cognitives qui se produisent chez les élèves. Il identifie une série d'activités susceptibles d'activer les mécanismes nécessaires et les organise. Parmi ces activités, il y en a qui ne nécessitent pas de contrôle lors de leur exécution : ce sont les activités d'étude. Ces activités sont directement liées à l'apprentissage ; elles font partie intégrante de l'enseignement ; elles sont nécessaires à la poursuite des transformations entreprises en classe. C'est pourquoi, elles doivent être prévues, planifiées, organisées, soutenues par des consignes claires et des documents de travail appropriés. Tout comme le médecin compte sur l'effet des médicaments en dehors des moments où il rencontre ses patients, le professeur compte sur l'effet des devoirs et de l'étude. C'est pourquoi, cette réflexion sur la nature et la diversité des activités d'étude est nécessaire. Elle doit se poursuivre dans le choix et l'intégration de ces activités à l'enseignement. Enfin, cette réflexion ne peut ignorer le rôle des professeurs dans leur organisation et les difficultés qu'ils peuvent rencontrer à en tirer le plus de bénéfices possible.

Le troisième document porte sur LA COMPÉTENCE DES PROFESSEURS. Il explore la fonction d'enseignement dans sa complexité riche de diversité. Il permet de dresser un tableau de l'ensemble des activités liées à l'enseignement. C'est une façon d'ouvrir notre compréhension à autre chose que le moment particulier où un professeur présente à un élève de nouvelles connaissances. Ce texte veut présenter l'enseignement comme une activité complexe et non comme une activité compliquée. Bien au contraire, il propose des modèles qui permettent d'interpréter de façon cohérente la diversité des activités à faire dans l'enseignement.

Compte tenu de sa structure, ce livre peut donc être utilisé de différentes façons. Comme tout autre livre, il peut être lu comme un tout ; il fournit alors un aperçu de la complexité cohérente de l'activité professionnelle d'enseignement. Il peut aussi être utilisé pour répondre à des préoccupations particulières et être consulté de façon morcelée. Dans chaque cas, il offrira un instrument d'approfondissement de la profession d'enseignant.

Cette édition présente un texte revu et amélioré. Il intègre des éléments nouveaux et souhaite rendre encore plus facile la construction d'un modèle conceptuel de l'enseignement.

Première partie

Moi j'enseigne, mais eux apprennent-ils ?

ON sait bien que les élèves n'apprennent jamais tout ce que les professeurs leur enseignent. Hélas, les examens peuvent être l'occasion de constater l'écart qui existe entre ce qui a été enseigné et ce qui a été appris. Rien d'étonnant à cela, direz-vous, c'est que les élèves n'étudient jamais autant qu'ils le devraient. Dans ce sens, la responsabilité professionnelle de l'enseignante et de l'enseignant se limiterait à donner des cours. La responsabilité de l'élève, par contre, serait d'apprendre par l'étude, peu importe l'enseignement reçu. Cette approche de la réalité scolaire ignore le lien dynamique qui relie l'enseignement et l'apprentissage. Certes, ce lien ne peut être causal : ce n'est pas l'enseignement même qui cause les modifications internes (les capacités nouvelles) résultant de l'apprentissage. Même si l'apprentissage se produit à l'occasion de l'enseignement, c'est l'activité de l'élève qui engendre ces transformations. Par contre, il existe un lien en quelque sorte ontologique entre ces deux activités : la signification de l'enseignement dépend du sens qu'on donne à l'apprentissage, et la signification de l'apprentissage dépend des activités engendrées par l'enseignement. Enseigner peut signifier transmettre des informations seulement si apprendre signifie mémoriser ces informations.

Avant de minimiser la responsabilité professionnelle des enseignants, il convient de répondre à quelques questions. Des variations dans l'enseignement entraînent-elles des variations dans l'apprentissage ? Tout enseignement permet-il tous les apprentissages ? L'activité de l'élève n'est-elle pas en rapport avec l'enseignement reçu ? L'activité de l'élève n'est-elle pas en rapport avec les apprentissages qu'il effectue réellement ?

Lorsqu'on entend s'exclamer : « Je l'avais pourtant bien dit ! » un professeur déçu par la performance des élèves, on comprend que les élèves ne captent pas nécessairement ce que le professeur présume avoir pourtant bien enseigné. Mais ici, on confond enseigner avec dire, expliquer, énoncer, proclamer, etc. Il apparaît clairement que l'acquisition du savoir ne se fait pas par simple contact avec le savoir d'un autre. Il faut le reconstruire en soi. Pour cela, il faut en être capable. Or, souvent nous donnons nos cours sans nous demander si ce que les élèves ont à faire pendant nos cours est réellement susceptible de développer chez eux les capacités que nous souhaitons voir apparaître. C'est la constatation faite par Marilla Svinicki, professeure à l'Université du Texas.

Dans un article intitulé « It Ain't Necessarily So : Uncovering Some Assumptions About Learners and Lectures » (1985), l'auteure présente huit postulats conduisant plusieurs enseignantes et enseignants à ne retenir que l'exposé comme stratégie de médiation dans leur méthode d'enseignement et à croire que leurs exposés magistraux sont efficaces en soi. Ces postulats, repris dans l'article de Christopher K. Knapper, « Is What You Teach What They Learn ? » (1987), nous serviront, dans ce texte, comme points de départ d'une réflexion sur notre pratique de l'enseignement. Nous prendrons connaissance de chacun de ces postulats et nous les commenterons brièvement. Par la suite, chacun d'eux sera repris et traité de façon plus complète. Pour l'instant, il s'agit seulement de prendre connaissance d'idées reçues qui nuisent à l'évolution de l'enseignement.

Premier postulat :

La matière que j'enseigne est assez intéressante pour capter l'attention des élèves.

Plusieurs enseignantes et enseignants se définissent encore à partir de la discipline qu'ils enseignent. On a alors des chimistes qui enseignent, des électrotechniciens qui enseignent ou des philosophes qui enseignent. Leur intérêt porte davantage sur leur matière que sur l'enseignement : ils présument que leur intérêt et la maîtrise qu'ils ont de leur discipline suffisent à assurer l'efficacité de leur enseignement. C'est le cas de l'enseignante ou de l'enseignant qui se refuse à adopter de nouvelles pratiques pédagogiques, sous le seul prétexte que sa matière est déjà trop vaste pour procéder de façon différente.

Cet intérêt pour la matière qu'on enseigne n'a rien de néfaste en soi. Bien au contraire, il est essentiel. Cependant, il doit se situer dans la perspective de l'enseignement. Alors, capter l'attention des élèves devient une tâche à accomplir. Cela n'est pas inhérent au contenu, mais aux stratégies d'enseignement qui constituent la méthode de l'enseignante et de l'enseignant.

Pour arriver à susciter et à soutenir l'intérêt d'un élève, il faut tenir compte de plusieurs éléments dans l'élaboration de sa méthode d'enseignement. Parmi ceux-ci, mentionnons :

- la pertinence du contenu du cours pour les élèves, compte tenu de leur expérience ;
- les techniques d'éveil de la curiosité pour motiver les élèves à l'apprentissage ;
- le style d'enseignement (*i.e.* y a-t-il assez de variété pour soutenir l'attention des élèves à qui s'adresse le cours ?).

Comme on le voit, la motivation ou plus exactement l'engagement dans l'étude d'une discipline ne provient pas nécessairement du contenu lui-même. Pourtant, l'idée que certaines matières intéressent les élèves alors que d'autres les rebutent circule encore parmi les enseignantes et les enseignants. Cette idée s'allie à une autre tout aussi néfaste : il y a UNE manière d'enseigner chaque matière. Ainsi, si les élèves n'aiment pas les mathématiques ou l'histoire on n'y peut rien puisqu'il faut bien enseigner ces matières comme elles s'enseignent ! À bien y penser, n'y a-t-il pas, parmi les enseignants d'une même matière, des façons de faire qui suscitent plus ou moins l'engagement des élèves dans l'apprentissage ?

Deuxième postulat :

Les élèves sont capables d'enregistrer et d'intégrer un flot continu d'informations pendant plus de 50 minutes.

Si un cours était comme un bulletin de nouvelles, il suffirait de transmettre des informations les unes après les autres pendant de longues périodes. Certains cours magistraux donnent l'impression que l'activité du professeur est de livrer des informations et que celle des élèves est de reproduire ces informations sur leur « mémoire en papier » en attendant de pouvoir les mémoriser au moment de l'étude. Le processus serait le suivant : TRANSMETTRE – TRANSCRIRE – MÉMORISER. Dans ce contexte, il n'est pas rare d'entendre dire qu'il faut « apprendre » la matière même si ce n'est que plus tard qu'on la comprendra et qu'on découvrira à quoi elle peut bien servir.

Pour que l'enseignement ne soit que transmission d'informations, il faut comprendre l'apprentissage comme un simple processus d'enregistrement. Or, pour limiter l'apprentissage à la mémorisation machinale, il faut ignorer la compréhension, le processus de création du sens. Dès lors, ce qui est enregistré c'est le son, la forme sous laquelle l'information est transmise. La lecture des notes de cours des élèves montre que c'est bien souvent ce qui se passe : les phrases sont incomplètes, des informations sont associées de façon insensée, certains mots ne font que ressembler à ce qui a été dit. Les élèves n'ont alors cherché qu'à reproduire, à capter le discours du professeur. Tout le temps a été consacré à cette activité; la compréhension est reportée à plus tard.

Lorsque l'apprentissage signifie la mémorisation d'informations signifiantes, la construction de modèles utiles dans l'interprétation de la réalité et l'élaboration de méthodes qui guident l'action, l'enseignement ne se limite pas à faire enregistrer des informations. Pour qu'apprendre signifie construire son propre savoir, il faut penser. Apprendre c'est penser, c'est faire des opérations à l'aide des informations. L'apprentissage scolaire c'est penser ensemble d'une façon nouvelle, afin de découvrir de nouvelles significations, de guider notre action de manière plus satisfaisante... Or, pour penser, il faut relier les informations, les organiser, les structurer, les situer par rapport à d'autres connaissances... Ces opérations complexes ne sont pas instantanées ou même automatiques. Elles doivent être suscitées et guidées. C'est aussi le rôle de l'enseignement que de guider l'ensemble du processus d'apprentissage.

Dans un bulletin de nouvelles, toutes les informations sont d'égale valeur : elles n'ont pas de liens entre elles (la plupart du temps) et peuvent être données dans n'importe quel ordre. Il en est tout autrement dans l'enseignement. Le savoir est organisé: les informations sont hiérarchisées et appartiennent à des niveaux divers d'abstraction.

Comme, dans un cours, toutes les informations ne sont pas d'égale importance, il faut s'arranger pour que la plupart des élèves écoutent lorsque les choses essentielles sont dites. Pour cela, il faut avoir organisé la séquence des informations et l'activité des élèves de façon que les informations soient organisées, par les élèves, autour des éléments essentiels. Il existe plusieurs techniques pour guider l'attention des élèves : les « indices directs », les « pauses », les « structurants », les « schémas » et les « limites dans la quantité d'informations » fournies à la fois. Garder l'attention des élèves suppose qu'on respecte les limites de leur processus de traitement de l'information. On sait que cela exige qu'on tienne compte de conditions imposées par la nature des connaissances elles-mêmes.

Apprendre c'est mémoriser. Cependant, pour mémoriser de façon signifiante, il faut bien plus que l'enregistrement machinal d'informations. En effet, cela suppose plusieurs opérations qui supportent la pensée. L'enseignement conçu comme la simple transmission d'informations peut empêcher la pensée. Il implique qu'on accepte et qu'on soit capable de mémoriser de nombreuses informations sans chercher à leur donner du sens.

Troisième postulat :

Les élèves apprennent en écoutant.

Tout jeunes, on nous a dit : « Écoute donc ! » chaque fois que nous semblions ne pas comprendre. L'écoute apparaît alors comme la seule condition pour qu'il y ait apprentissage.

On sait bien qu'on apprend en entendant parler de quelque chose, mais on apprend aussi en voyant, en lisant sur le sujet, en manipulant des objets, en travaillant avec eux, en essayant de résoudre des problèmes, en regardant quelqu'un d'autre faire ou en suivant son raisonnement, en discutant, en questionnant, etc.

L'apprentissage peut être facilité lorsqu'il n'est pas soumis à la seule formule de l'exposé. Les exposés doivent être complétés par des supports visuels, la lecture individuelle de textes, des exercices supervisés ou autonomes, l'échange, la discussion, la mise en situation, etc.

Il est possible que les élèves aient des modes privilégiés d'apprentissage qu'on appelle des styles d'apprentissage. Il est certain que l'apprentissage exige divers modes de participation des élèves. On ne peut certes pas faire tous les apprentissages en écoutant. Votre expérience vous aura sans doute autant servi que les conseils de vos parents !

Quatrième postulat :

Les élèves sont des auditeurs avertis et habiles à prendre des notes.

On sait combien les notes de cours sont utiles à la préparation des examens et à l'étude en général. Ces notes, pour être utiles, doivent être compréhensibles. Lors d'exposés magistraux, certains professeurs procèdent comme si la prise de notes était une opération simple, comme si l'écoute permettait l'organisation spontanée des idées sous forme de notes. Or, il n'est pas toujours facile de prendre des notes. Certains exposés reposent sur des structures qui ne sont pas toujours apparentes. Pour s'y retrouver, certains élèves ont besoin d'aide et d'être guidés dans leur prise de notes. Lorsqu'on prend la peine de lire des notes prises par des élèves au cours d'exposés qu'on a faits, on constate qu'il ne leur est pas facile de départager l'accessoire de l'essentiel. Ils ont besoin d'être guidés.

Les professeurs peuvent aider les élèves à améliorer la prise de notes, en structurant mieux leurs exposés et en communiquant plus explicitement cette structure aux élèves. En présentant le plan de l'exposé, en guidant l'attention par des indices, en utilisant des tableaux ou schémas-synthèses, en distribuant des notes-modèles, en élaborant une stratégie d'entraînement à la prise de notes, les professeurs peuvent aider leurs élèves à tirer un plus grand profit de leurs exposés.

Cinquième postulat :

Les élèves ont les connaissances préalables et le vocabulaire suffisant pour arriver à suivre les exposés.

Souvent, un professeur est tenté de construire son cours comme un résumé de ses propres connaissances. Les raccourcis qu'il fait alors ne lui causent pas de problème. Il en va tout autrement pour celui qui est en apprentissage et qui ne dispose que de ce résumé pour élaborer sa connaissance.

De même, lorsqu'on cherche à faire comprendre une notion, on cherche des analogies et des exemples qui pourraient nous aider. Il importe qu'on choisisse des analogies et des exemples qui aient une certaine connotation pour les élèves à qui ils s'adressent. Ainsi, il est peu utile de relater des exemples de la vie des années de la Révolution tranquille à un jeune de dix-sept ans qui n'a pas la moindre idée de cette époque.

Lorsqu'on veut que certaines informations aient du sens, il faut que ce soit en fonction des élèves et non en fonction de soi. Cela n'est pas toujours facile, mais c'est indispensable à l'enseignement.

Il n'est pas non plus facile d'éviter d'employer notre jargon de spécialiste sans s'assurer qu'il est maîtrisé par les élèves. Encore là, c'est celui qui apprend qui détermine si cela aura du sens ou non.

Expliquer le vocabulaire, tirer des exemples signifiants de la réalité vécue des jeunes, choisir des analogies compréhensibles, voilà des exigences qu'aucun professeur ne peut ignorer s'il veut donner un cours qui permette à ses élèves de progresser.

Sixième postulat :

Les élèves sont capables de diriger leur propre compréhension.

Un élève devrait savoir s'il comprend ou s'il ne comprend pas. Mais s'il comprenait autre chose que ce que vous croyez qu'il devrait comprendre ? Ne croirait-il pas comprendre ? Ne serait-il pas satisfait ? Cela arrive plus fréquemment qu'on ne le croit. Les erreurs ne sont pas nécessairement dues à un manque d'apprentissage ; elles peuvent résulter d'apprentissages mal faits. On peut toujours comprendre quelque chose d'autre que ce qui nous est dit. Si on reste avec cette compréhension, si personne ne nous « reprend », on risque de la garder même si elle est erronée.

C'est parce qu'il est toujours possible de comprendre différemment que le professeur doit donner la chance aux élèves de vérifier leur compréhension de la présentation des connaissances qui leur est faite. En posant des questions, en organisant des groupes de discussion à l'intérieur du cours, en demandant aux élèves de résoudre des problèmes simples à partir de la matière qu'ils viennent de couvrir, le professeur donne cette occasion.

Fournir aux élèves une rétroaction sur leur compréhension les aide à s'approprier le contenu du cours. De plus, cela les conduit à se poser la question suivante : « Y a-t-il quelque chose que je ne sais pas et que je serais supposé savoir ? ». C'est l'occasion pour eux de se remettre à l'étude de la matière qu'on présente.

L'élève ignore qu'il ne sait pas, du moins parfois. Le professeur sert de médiateur entre le savoir de l'élève et le savoir disciplinaire ou le contenu du cours. Il se doit de diriger la « construction » du savoir de l'élève et de vérifier la compréhension de l'élève en cours d'apprentissage.

Septième postulat :

Les élèves sont assez sûrs d'eux-mêmes pour le dire lorsqu'ils ne comprennent pas.

Tous les élèves ne s'expriment pas également dans un groupe-classe. Ceux qui ne s'expriment pas ne sont pas nécessairement ceux qui n'ont rien à dire. Aussi, ceux qui ne comprennent pas ne le disent pas nécessairement.

La volonté de s'exprimer d'un élève varie selon son niveau de confiance et de maturité, avec la place qu'il occupe dans le groupe, avec le niveau de difficulté qu'il éprouve avec la matière qu'il a à apprendre, avec l'accueil que fait l'enseignante ou l'enseignant aux questions et avec bien d'autres variables. Tout cela ne peut être contrôlé. Il importe cependant de faire en sorte que l'élève puisse librement exprimer le fait qu'il ne comprend pas. Pour certains, le fait de ne pas comprendre est devenu « normal » dans le contexte de l'apprentissage scolaire. Ils s'attendent à ce que l'enseignement qu'ils reçoivent soit incompréhensible. On peut éviter qu'il en soit ainsi.

Les professeurs qui favorisent l'implication des élèves contribuent à permettre l'expression des élèves. Ainsi, dire « Quelles questions vous posez-vous à ce moment-ci de notre démarche ? » est plus invitant que de dire « Est-ce que quelqu'un comprend ? ». De même, les professeurs conscients de leur expression corporelle, surtout faciale, peuvent faire en sorte de paraître moins menaçants. On peut aussi porter une attention particulière à la façon de poser les questions aux élèves ; cela peut indiquer pourquoi les élèves tentent ou non d'y répondre.

Huitième postulat :

Les élèves peuvent traduire ce qu'ils entendent en action.

On pense souvent que l'apprentissage d'informations verbales est suffisant pour organiser les comportements en conduite intelligente. On croit que si on sait quelque chose, la conduite s'élabore naturellement en conséquence. Pourtant, les exemples abondent où la conduite et le discours sont différents. L'enseignement doit être organisé de façon à permettre l'harmonisation de tout le système de connaissances de l'individu.

En organisant, dans le cours, des occasions pour que les élèves puissent appliquer intelligemment ce qu'ils se sont fait expliquer au cours d'un exposé, les professeurs font en sorte que l'apprentissage se fasse de façon assez poussée pour être utile dans les circonstances réelles qui se présenteront dans l'avenir.

Il y a des phases de l'apprentissage qui permettent de passer de la connaissance verbale à l'algorithme de résolution de problèmes et à l'exécution plus ou moins sûre des opérations. Ces niveaux d'apprentissage ne peuvent être atteints sans avoir été prévus par la méthode d'enseignement.

Conclusion

Ces huit postulats qui permettent à un professeur de dire « Moi, je passe ma matière, c'est aux élèves de s'arranger pour l'apprendre », montrent une mauvaise compréhension des mécanismes de l'apprentissage. L'apprentissage ne se fait pas instantanément. C'est un processus long qui doit être guidé.

L'enseignement n'est pas une simple transmission de matière. C'est l'organisation de méthodes d'intervention qui permettent à des élèves de construire leur savoir sur le modèle du savoir des diverses disciplines scolaires. L'enseignement n'est pas assimilable à l'exposé. Bien qu'il prenne une diversité infinie de formes, l'enseignement a une structure de base qu'on tente d'identifier. Dans une synthèse traitant des recherches sur l'enseignement direct, Barak Rosenshine (1986) fait ressortir sept fonctions de l'enseignement qu'on peut placer en séquence :

- Faire le rappel des connaissances antérieures signifiantes par rapport aux apprentissages nouveaux.
- Donner aux élèves des objectifs d'apprentissage.
- Présenter les nouveaux éléments de connaissance.
- Organiser des exercices supervisés.
- Faire la correction des erreurs d'apprentissage.
- Faire faire des exercices autonomes (travaux, étude).
- Faire périodiquement la synthèse d'éléments déjà appris.

Comme on le voit, il n'est pas aussi simple d'enseigner qu'on le laisse parfois croire. « Donner son cours », c'est plus que de faire des exposés, c'est appliquer une méthode d'enseignement qui suscite effectivement les apprentissages qu'on désire voir faire par les élèves. Certes, cette méthode aura été conçue et planifiée par l'enseignante ou l'enseignant. Certes, l'évaluation indiquera son degré d'efficacité. Cependant, ce qui aura eu un impact sur l'apprentissage et sur les élèves, c'est ce dont seul l'enseignante ou l'enseignant est capable : la conduite d'activités qui engendrent les processus de pensée nécessaires à la modification des connaissances préalables.

Tout ceci nous explique pourquoi la réflexion pédagogique ne peut avoir de sens pour les enseignantes et les enseignants que si elle porte sur le processus par lequel ces derniers guident l'apprentissage. En effet, c'est la qualité des interventions d'enseignement qui doit être examinée en priorité afin d'arriver à expliquer pourquoi un élève apprend ou n'apprend pas.

L'examen des caractéristiques des exposés formels ou informels nous permet d'identifier les limites de l'efficacité de ce type d'intervention. Cependant, c'est en dépassant ce seul élément et en le plaçant dans le cadre de l'ensemble de la méthode d'enseignement utilisée et en examinant l'activité des élèves qu'on peut arriver à déterminer ce qui permettrait une plus grande efficacité.

Pour que seul l'exposé magistral puisse constituer l'enseignement, il faudrait que chacun des postulats présentés précédemment soit valable. Nous avons déjà questionné rapidement les fondements de ceux-ci. Reprenons-les maintenant sous forme de questions. Plutôt que d'affirmer, interrogeons-nous. En répondant à nos questions, nous pourrons vérifier notre degré d'accord ou de désaccord avec les fondements d'une conception de l'enseignement qui en fait une simple opération d'énoncés de nos propres connaissances.

Premier postulat : Les matières scolaires peuvent-elles intéresser les élèves ?

Plusieurs enseignantes et enseignants très intéressés par la matière qu'ils enseignent sont déçus par le peu d'intérêt que lui portent les élèves. Certains en viennent même à la conclusion que ce qui caractérise la jeunesse, c'est que rien ne les intéresse.

Les professeurs d'expérience reconnaissent, cependant, qu'il existe des élèves intéressés par les apprentissages scolaires. Ils constatent généralement que les élèves qui réussissent sont ceux qui trouvent les matières scolaires dignes d'attention et assez importantes pour y consacrer du temps d'étude. Donc, ils sont persuadés que l'intérêt des élèves pour les matières scolaires est un gage de leur engagement dans l'étude et, conséquemment, de leur réussite.

Par ailleurs, bon nombre d'enseignantes et d'enseignants croient que c'est la matière qu'ils enseignent qui, d'elle-même, est assez intéressante pour capter l'attention des élèves. C'est pourquoi leur préoccupation quasi unique est de communiquer cette matière. Cela est sûrement relié au fait que ce qui définit encore la profession enseignante, c'est la maîtrise d'une discipline enseignée à l'école. Alors, l'attention est portée davantage sur la discipline enseignée que sur les méthodes d'enseignement. C'est un peu comme si les médecins ne s'intéressaient qu'aux virus et pas du tout aux médicaments ! Dans ce contexte, la déception est inévitable : ce n'est pas parce que le professeur s'intéresse à sa matière que cette matière intéresse les élèves. Il convient donc que les professeurs se demandent d'où vient l'intérêt qu'on peut porter à l'étude d'une matière scolaire et surtout, comment ils peuvent susciter cet intérêt.

Il est impossible, ici, d'aborder une explication complexe et complète du phénomène du développement des intérêts. Aussi, nous chercherons tout simplement à relever suffisamment d'informations pour inspirer nos pratiques d'enseignement.

Pour aborder la question de l'intérêt des élèves pour l'étude des matières scolaires du point de vue de l'enseignement, il faut se rappeler ce principe fondamental : quand on enseigne, on enseigne toujours quelque chose à quelqu'un. On ne peut se contenter de maîtriser ce « quelque chose », la matière ; il faut tenir compte de la personne à qui on enseigne et surtout, des conditions dans lesquelles une relation entre la personne et la matière peut s'établir de façon positive. Il faut donc abandonner l'idée qu'il y a des matières faciles à enseigner et des matières impossibles à enseigner parce qu'elles n'intéressent pas les élèves. Il faut chercher dans quelles conditions une matière peut les intéresser.

Il semble que la relation d'étude puisse être établie lorsqu'une situation d'enseignement-apprentissage répond aux trois conditions suivantes :

- L'enseignante ou l'enseignant capte et conserve l'attention des élèves.
- Le contenu est présenté de façon significative.
- Les émotions de l'élève sont associées à l'activité d'apprentissage.

Examinons ces conditions sans lesquelles l'enseignement ne peut réussir à susciter l'intérêt des élèves pour l'étude des matières scolaires.

L'attention des élèves

Pour impliquer les élèves dans l'étude, il ne suffit pas de capter leur attention, il faut aussi la conserver. C'est pourquoi, on ne peut pas se contenter de techniques d'animation. Il faut organiser l'enseignement de façon à créer la relation d'étude entre la matière et l'élève. Voici quelques pistes pour y arriver :

Les techniques d'éveil de la curiosité

On sait que tous les individus ne réagissent pas également à toutes les situations. En 1908, Yerkes et Dodson ont découvert une loi de l'activation, c'est-à-dire une loi de l'engagement dans l'activité par rapport à la réception de stimuli. Ils ont constaté qu'en général, lorsque les humains s'engagent dans une activité, l'efficacité de leur performance varie avec la quantité de stimuli présentés à la fois. Ainsi, si nous traçons un graphique illustrant sur l'axe vertical la qualité de la performance et sur l'axe horizontal, le niveau d'activation, on obtient un U inversé.

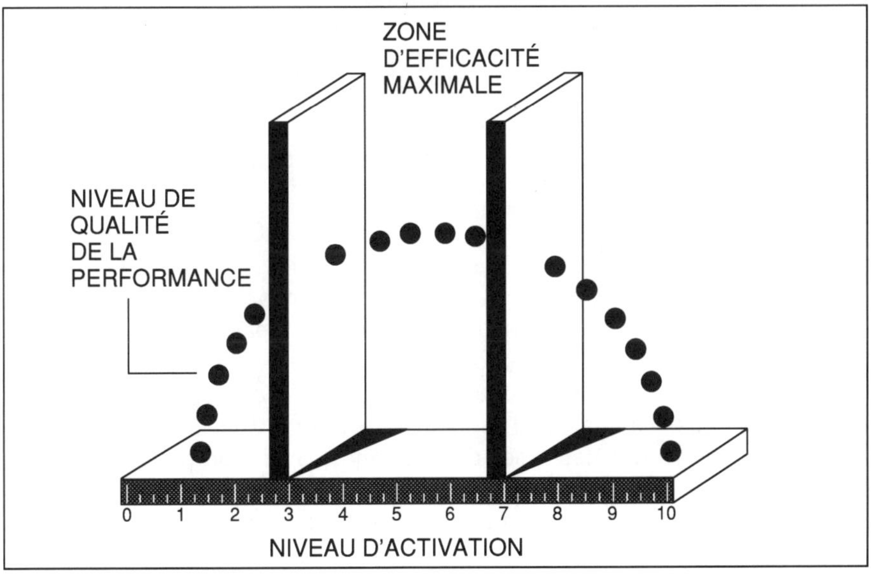

La lecture de ce graphique indique qu'il faut atteindre un certain niveau d'excitation pour que la réponse de l'individu devienne satisfaisante par rapport aux stimuli présentés. Supposons que vous dormez et qu'un incendie prend naissance dans votre maison. Au début, l'odeur de la fumée et le crépitement du feu dérangeront peut-être votre sommeil, mais il en faudra une certaine quantité pour que vous vous éveilliez.

Si l'incendie est localisé et que vous pouvez saisir de façon réaliste l'ampleur du danger, vous procéderez de façon efficace à son extinction. Par contre, si vous êtes cerné par les flammes, que vous entendez crier les enfants dans la pièce voisine et que vous voyez votre femme ou votre mari s'acharner contre le feu pris aux draps du lit, vous pouvez vous mettre à pleurer et perdre tous vos moyens. Votre conduite, alors, ne sera pas efficace dans cette situation.

Ainsi, en classe, il faut trouver des situations assez stimulantes pour engager l'élève dans des activités d'étude, mais pas trop excitantes pour distraire de l'apprentissage. Une leçon doit donc débuter par l'éveil de la curiosité. Il convient dès lors de faire appel à des démonstrations étonnantes ou à des expériences de découverte. Afin de contrôler l'attention des élèves, Klausmeier *et al.* (1973) conseillent de procéder ainsi :

- présenter des stimuli nouveaux plutôt que d'employer des stimuli avec lesquels l'élève est familier ;
- poser des questions plutôt que de fournir immédiatement des informations ;
- varier le rythme ou l'intensité de la communication verbale ;
- engager l'élève dans la discussion ou la démarche d'apprentissage plutôt que d'exiger son attention passive ;
- répondre aux réactions de l'élève afin de garder sa participation.

Le professeur doit donc se soucier d'éveiller la curiosité en ayant recours à certaines techniques et doit s'assurer d'orienter cette curiosité vers l'apprentissage en faisant participer l'élève.

La quantité de contenu

Il ne suffit pas de capter l'attention des élèves, encore faut-il la conserver, maintenir leur intérêt. Aussi curieux que cela puisse paraître, les études ont démontré qu'il faut couvrir une bonne quantité de contenu et maintenir le rythme le plus rapide possible pour les élèves afin d'arriver à conserver leur participation dans la démarche d'apprentissage (Barr et Dreeben, 1983; Dunkin, 1978). Donc, en n'ayant pas assez de contenu à couvrir, on peut ennuyer les élèves et faire cesser leur intérêt. Les élèves doivent percevoir qu'il y a des connaissances nouvelles à apprendre, qu'il faut y porter attention. Un rythme trop lent ou trop peu d'informations nouvelles laissent croire qu'il n'y a rien à apprendre, qu'il ne vaut pas la peine de s'engager, d'y mettre de l'attention ou de s'activer soi-même dans son processus de pensée. Tout semble aller de soi.

L'orientation des activités

L'élève engagé dans l'activité d'apprentissage doit être guidé, savoir sur quoi faire porter ses efforts, afin d'arriver à percevoir le succès de son apprentissage. Pour cela, le professeur doit spécifier clairement les objectifs d'apprentissage de chaque leçon et les rappeler à quelques reprises durant le cours (Dalis, 1970).

Le défi pédagogique qui se pose ici est d'amener les élèves à se donner ou du moins à adhérer à un objectif d'apprentissage. Souvent, on se contente de communiquer aux élèves des formules toutes faites qui tiennent lieu d'objectif d'apprentissage : « Au terme de cette leçon, l'élève sera capable de... ». Créer le besoin de faire un apprentissage, voilà le défi véritable.

Selon Jean Berbaum (1991), pour qu'il y ait apprentissage, il faut que trois conditions soient satisfaites. La première, c'est qu'il y ait un *projet*, qu'on poursuive un objectif. Par exemple, voyant les performances de nageurs aux Jeux olympiques, je peux me donner comme projet de participer aux prochaines compétitions. Pour cela, je devrai me donner des objectifs : améliorer ma vitesse, mieux synchroniser mes mouvements, augmenter ma résistance... La deuxième condition, c'est qu'on adopte une *démarche*, qu'on crée une succession de situations pour développer nos capacités potentielles. Ainsi, chaque matin, je consacrerai tant d'heures à l'entraînement, je me soumettrai à un régime alimentaire, je tiendrai compte des informations de mon entraîneur, etc. Enfin, la troisième condition, c'est que cette démarche donne des *résultats*. Je dois percevoir que mes capacités s'améliorent, que je fais face aux situations souhaitées avec plus d'efficacité. Ainsi, je dois voir une amélioration de ma vitesse, je dois performer de mieux en mieux dans des compétitions... Si je ne constatais pas de modifications positives de mes performances, je remettrais en question la démarche adoptée ou même mon projet. L'absence de résultats positifs met généralement fin au projet et donc, à l'apprentissage.

Conditions de l'apprentissage

Projet :	changer sa manière de faire, sa compréhension du monde... de manière à être plus à l'aise dans des situations réelles.
Démarche :	créer une succession de situations favorisant le développement de capacités désirées.
Résultat :	constater une modification positive de ses performances, se percevoir familier et efficace dans une famille de situations.

L'apprentissage scolaire ne peut ignorer ces trois conditions. Or, combien de fois des apprentissages ne sont-ils pas proposés seulement «parce que c'est au programme». Les activités qu'on exige que les élèves fassent constituent-elles une démarche cohérente avec des objectifs à atteindre? Nos évaluations permettent-elles de percevoir qu'on est de plus en plus familier avec certaines situations ou montrent-elles qu'on n'arrive jamais à améliorer ses performances?

Le style d'enseignement

L'engagement de l'élève dans l'étude dépend certes des activités qui lui sont proposées; cependant, il dépend aussi du type d'aide dont il a besoin pour les réaliser. David Hunt (1971) nous rappelle, dans son modèle d'appariement, que nous avons tendance à choisir notre style d'enseignement à partir de nos habiletés personnelles plutôt qu'à partir des besoins des élèves. Or, les élèves peuvent avoir besoin d'un encadrement différent de celui que nous serions naturellement portés à donner par le style d'enseignement qui nous convient le plus. Aussi, pour garder les élèves engagés dans les tâches d'apprentissage, nous faut-il varier notre style avec le développement des élèves.

Un enseignement structuré sur la base d'une séquence d'activités brèves contrôlées par le professeur ou un enseignement structuré sur la base de consignes générales pour des productions longues n'offrent pas aux élèves le même degré de soutien dans la démarche d'apprentissage. Un style d'enseignement minutieusement organisé ou un style d'enseignement par projets dont les élèves ont la responsabilité ne sont pas en eux-mêmes un gage d'efficacité. Tout dépend des élèves à qui s'adresse cet enseignement. Il n'existe pas une seule bonne façon d'enseigner, mais il existe des combinaisons plus ou moins favorables à l'apprentissage qui ne sont pas définitivement bonnes ou mauvaises. Un enseignement efficace à un niveau et avec certains élèves ne le sera plus en d'autres circonstances. C'est pourquoi, l'enseignant professionnel sait adapter son enseignement. Pour cela, il doit:

- spécifier les apprentissages attendus;
- connaître les caractéristiques de ses élèves;
- identifier l'environnement propice;
- créer des activités d'apprentissage;
- faire évoluer l'environnement d'apprentissage avec le temps et la modification des caractéristiques des élèves.

Rien n'est statique dans une relation et la relation pédagogique elle-même ne peut être figée dans un style permanent.

L'organisation significative du contenu

Aussi attirantes que puissent être les activités d'apprentissage proposées par le professeur, il faut que le contenu paraisse pertinent aux élèves pour qu'ils veuillent l'apprendre. C'est pourquoi le professeur, s'il veut engager les élèves dans l'étude, doit organiser le contenu de son cours de façon qu'il soit signifiant pour eux.

Le lien avec les apprentissages antérieurs

Ausubel (1963) a indiqué, dans sa théorie de l'apprentissage signifiant, que le facteur qui détermine notre capacité à tirer profit d'une situation d'apprentissage potentiel, c'est l'apprentissage antérieur, l'ensemble des apprentissages déjà effectués. Il importe donc que les apprentissages nouveaux soient mis en relation avec les éléments de la structure cognitive existante de l'élève afin qu'il puisse en dégager la signification. Pour cela, Ausubel propose l'utilisation du structurant, un moyen qui permet à l'élève de situer l'apprentissage à faire dans le cadre de ses connaissances actuelles.

Le structurant (*advance organizer*) est un outil d'intégration des connaissances. Il consiste à offrir à l'élève, au début de l'enseignement, une idée de la façon dont les informations seront organisées. C'est comme si on disait à l'élève : « Tu as déjà structuré des connaissances de telle façon ; celles qui te seront présentées le seront de la même manière ». Ainsi, avant d'étudier le système circulatoire, on peut d'abord utiliser l'analogie du système fluvial. Ou encore, pour aborder un cours d'électronique, on peut rappeler le principe suivant : « La force d'une chaîne est déterminée par son plus faible maillon. ». Dans les deux cas, on reviendra constamment, pendant le cours, à ces « modèles » pour organiser le nouveau savoir. Selon Mayer (1979), un structurant doit présenter les caractères suivants :

- être un ensemble réduit d'informations visuelles ou verbales ;
- être présenté avant l'apprentissage d'un ensemble d'informations plus important ;
- ne contenir aucune information spécifique sur ce qui doit être appris ;
- fournir un moyen de générer des relations logiques entre les informations nouvelles ;
- influencer le processus d'encodage de l'apprenant.

À ces caractéristiques, ajoutons qu'il doit être facilement compréhensible par l'élève et qu'il doit correspondre à une structure que ce dernier possède déjà.

À cette technique, il faut ajouter qu'on peut maintenir l'apprentissage signifiant pour l'élève grâce aux éléments suivants :

- une présentation ordonnée et organisée des informations (Belgard *et al.*, 1971) ;
- une attention à indiquer les passages à de nouveaux sujets d'étude (Smith et Cotten, 1980) ;
- la reformulation fréquente des principes essentiels (Maddox et Hoole, 1975) ;
- la mise en relation de ce qui est enseigné et de ce qui est évalué (Cooley et Leinhardt, 1980).

Le lien avec l'expérience de l'élève

La signification que peut avoir le contenu d'un cours pour l'élève dépend également des liens établis entre ce contenu et l'expérience de l'élève, les événements signifiants de sa vie. C'est pourquoi l'utilisation d'images frappantes et d'exemples (Anderson et Hidde, 1971) se montre efficace dans le maintien de la signification d'un contenu.

Le développement de nouvelles capacités, nous l'avons vu, se situe toujours dans le cadre d'un projet : il faut vouloir « acquérir cette familiarité avec une situation qui fait qu'il n'y a plus d'hésitation lorsqu'on s'y trouve confronté » (Berbaum, 1991). L'élève doit donc être placé dans ces situations, faire l'expérience de ses habiletés en y étant confronté et concevoir la possibilité d'accroître ses capacités. Ce faisant, nous pourrons éviter que le savoir scolaire conserve les caractères relevés par Develay (1992). D'après lui, le savoir scolaire actuel :

- *présente des réponses* sans référence systématique au questionnement qui leur a donné naissance ;
- *ignore les conditions d'émergence du savoir* : fausses pistes, tâtonnements, erreurs, hypothèses abandonnées... ;
- *se présente hors contexte*, comme une réalité en soi, comme si ce savoir n'était pas d'abord le savoir d'une personne, d'une époque, d'une situation ;
- *se juxtapose à d'autres savoirs* sans qu'il y ait cohérence évidente entre eux.

De fait, le savoir a toujours au moins quatre dimensions. D'abord, une *dimension historique* : dans une situation donnée, un problème s'est présenté. Quel était-il ? Que cherchait-on à faire ? Comment s'y est-on pris ? Comment ce problème se présente-t-il aujourd'hui ? Quand se pose-t-il ? Ensuite, une *dimension scientifique* : les connaissances relatives au phénomène étudié se présentent d'une certaine manière. Comment se représente-t-on la situation problématique ? Quelles sont les connaissances propositionnelles (la façon de parler d'une chose) et procédurales (les façons de faire) les plus couramment utilisées dans de telles situations ? Puis, il y a une *dimension technologique* : les méthodes et les outils utilisés. Comment procède-t-on ? Qu'utilise-t-on ? Quels résultats obtient-on ? Enfin, il y a une *dimension philosophique* : la réflexion qu'on porte sur ce savoir. Y a-t-il des problèmes persistants ? Quelles sont les conséquences de l'usage de nos technologies ? Quelles seraient les nouvelles voies à explorer ?

Quatre dimensions du savoir

Histoire :	la situation problématique et l'origine de nos tentatives de solution ;
Science :	les représentations de la réalité employées ;
Technologie :	les méthodes et les outils utilisés ;
Philosophie :	la réflexion sur ce savoir.

On a considéré que l'étude en parallèle de différentes matières scolaires, calquées sur les divers champs du savoir, équivalait à une formation. En morcelant les savoirs, on croyait simplifier la vie de l'élève. Aujourd'hui, on se rend compte que ce morcellement empêche la cohérence nécessaire à une action pédagogique orientée vers le développement d'un savoir véritable, d'un savoir qui rend compétent. On peut observer, chez les élèves, les symptômes de la désintégration des apprentissages :

- la difficulté de réutiliser un savoir dans le contexte de la résolution d'un problème nouveau ;
- la stagnation de la pensée au niveau des données descriptives ;
- la persistance de représentations inadéquates, contraires aux apprentissages pourtant reconnus comme réussis ;
- la lenteur de la pensée ;
- le désintérêt pour l'étude des matières scolaires ;
- l'incapacité de synthétiser ;
- l'absence de transfert des savoirs d'une discipline à une autre, d'un cours à un autre.

Le plus grand défi de la pédagogie contemporaine est peut-être de renouer les liens entre l'expérience et le savoir. Ces liens ne pourront se faire sans l'adoption de programmes d'études qui permettent l'intégration des différentes dimensions du savoir en fonction de situations réelles pour ceux qui apprennent.

L'association des émotions à l'apprentissage

Nous constatons tous que nous ne gardons pas tout en mémoire. Nous conservons ce qui a de l'importance pour nous. Cette importance n'est pas déterminée logiquement. Il y a des choses qui nous émeuvent et d'autres qui nous laissent indifférents. Il y a donc une information subjective associée aux informations qui nous sont transmises.

Les professeurs contribuent à l'association de ces informations subjectives aux contenus scolaires. Vygotsky (1934) a démontré que c'est l'activité interpsychique qui influence nos perceptions de la réalité. Déjà, très jeunes, nos parents attiraient notre attention sur certaines choses : « Regarde le beau chat » pouvaient-ils dire, « Il est gentil », « As-tu remarqué sa moustache ? ». En classe, les professeurs attirent l'attention et portent des jugements de valeur sur les tâches à accomplir et sur les connaissances à acquérir. Ils peuvent influencer la perception de l'importance qu'accordent les élèves à la matière.

L'engagement personnel

Le professeur témoigne de l'importance qu'a la matière par son engagement personnel dans la médiation qu'il exerce entre l'élève et la matière. L'enthousiasme du professeur (Abrami, Leventhal et Perry, 1982) est un facteur déterminant du jugement des élèves sur la valeur de la matière à apprendre. L'humour (Kaplan et Pascoe, 1977) est un autre facteur qui influence l'intérêt des élèves. On ne peut donc pas enseigner avec indifférence sans que cela n'ait d'effets chez les élèves.

Les commentaires sur les tâches d'apprentissage

Les commentaires que font les professeurs sur les tâches d'apprentissage qu'ils demandent aux élèves d'accomplir jouent un rôle important dans la relation pédagogique (Duffy et Roehler, 1986). Accompagner les consignes de travail de commentaires mettant en lumière l'importance et le rôle de celui-ci dans la démarche d'apprentissage est de nature à rendre plus positive l'attitude des élèves face aux tâches scolaires. C'est donc un élément important qu'on néglige pourtant lorsqu'on se contente de donner sèchement les consignes d'un travail qui semble alors déterminé par la fatalité.

La possibilité de succès

Au-delà de toutes les paroles, l'élève, pour s'intéresser à l'apprentissage d'une matière, doit percevoir la possibilité de réussir cet apprentissage. Si la valeur émotive rattachée à l'apprentissage scolaire est négative, il n'est pas étonnant que l'élève hésite à s'y engager. C'est pourquoi il importe que le professeur organise l'apprentissage et son évaluation de façon que l'élève se perçoive comme capable d'apprendre. La vérification fréquente de la maîtrise qu'ont les élèves de ce qui est enseigné est de nature à éviter la surprise de l'échec qui influencerait les autres démarches d'apprentissage. Richard Côté (1987) dégage quatre principes pédagogiques liés à l'effet de la réussite :

- Le succès augmente la valeur des activités intellectuelles associées à l'apprentissage visé.
- Le succès augmente le niveau d'aspiration et l'échec le diminue.
- Le niveau d'aspiration tend à suivre le niveau de la performance.
- La probabilité d'augmentation du niveau d'aspiration est reliée à l'augmentation des chances de succès.

Il est donc important, pour maintenir l'intérêt des élèves, de faire en sorte que l'élève progresse en percevant toujours la possibilité de succès de ses apprentissages.

Conclusion

Les matières scolaires, pour intéresser les élèves et susciter leur engagement dans l'étude, dépendent de la qualité de l'enseignement dispensé par les professeurs. C'est finalement bien plus l'enseignement qui arrive à susciter l'intérêt que les matières elles-mêmes. Un même cours sera d'ailleurs intéressant avec un professeur et terne avec un autre. La maîtrise des habiletés d'enseignement apparaît donc ici aussi déterminante que la maîtrise de la matière par le professeur.

On a ici voulu donner des pistes d'amélioration de l'enseignement pour faire en sorte que les élèves soient intéressés à l'apprentissage des matières scolaires. Votre expérience vous permettra sans doute de donner des exemples d'application des principes pédagogiques présentés ici ou de trouver d'autres facteurs et d'autres techniques pouvant susciter l'intérêt des élèves.

Deuxième postulat : La tâche des élèves se limite-t-elle à l'enregistrement d'informations ?

Lorsque la méthode d'enseignement d'un professeur repose exclusivement ou en grande partie sur l'exposé magistral, nous pourrions penser que celui-ci considère d'une manière implicite que la tâche des élèves, en classe, se résume à l'enregistrement d'informations qu'ils devront, par la suite, comprendre et intégrer. En fait, à bien y réfléchir, la tâche des élèves est pour le moins d'extraire l'information « essentielle » des exposés et de l'assimiler à un niveau leur permettant de réussir avec succès lors des tests qu'ils auront à passer. Mais cela suppose plus qu'un simple enregistrement ; chaque élève doit traiter les informations reçues, construire sa propre connaissance et élaborer des modèles d'action.

Si la tâche des élèves devait se limiter à l'enregistrement des informations et que les autres phases du traitement devaient se faire en dehors de la classe, au moment de l'étude, les élèves seraient-ils capables d'enregistrer le contenu de toute une période de cours ? Seraient-ils en mesure d'enregistrer à la suite des informations disparates dans diverses matières sans liens apparents entre elles et ce, au cours d'une même journée ? Pourraient-ils ensuite mettre de l'ordre dans tout ça ?

Les indices des difficultés que rencontrent les élèves

En général, les élèves se plaignent d'avoir à apprendre à partir d'exposés trop nombreux et trop longs. Parfois, ils considèrent ces exposés ennuyeux, mais le plus souvent, ils les trouvent intéressants mais difficiles à suivre. Ils croient que les exposés contiennent beaucoup d'informations importantes qui sont nouvelles pour eux, mais ils constatent que le temps leur fait défaut pour les saisir toutes, et encore plus pour en dégager leur véritable signification. Devant ces difficultés, certains élèves réagissent de manière à ce que le professeur respecte les conditions minimales susceptibles de favoriser leur apprentissage. Il peut être utile de s'attarder aux réactions des élèves puisque leurs interventions nous révèlent plusieurs des conditions d'efficacité des exposés.

Le contrôle du débit

Les élèves placés dans une situation d'apprentissage à partir d'exposés n'ont pas, dans une large mesure, de contrôle sur les conditions dans lesquelles ils doivent réaliser l'apprentissage. À la limite, le pouvoir qu'ils ont, c'est de signifier au professeur quels sont leurs besoins face aux conditions d'apprentissage qui leur sont proposées.

Un exposé présente des informations d'une manière définitive et à un rythme choisi par le professeur. Comme les élèves ne peuvent enregistrer ce flot d'informations continu, ils diffèrent cet enregistrement en prenant des notes. Or, prendre note de ce qui vient d'être dit entre en compétition avec une autre activité: écouter ce qui est présentement dit. C'est alors que les élèves chercheront de diverses façons à faire comprendre au professeur qu'il doit leur permettre de mener concurremment ces deux activités. Ils tentent alors d'influencer le débit de l'exposé. Il y a habituellement trois façons simples de le faire et elles ont l'avantage de ne pas créer de conflit avec le professeur : demander au professeur de répéter (ce qui renforce l'importance de ce qui est dit), poser des questions (ce qui montre l'intérêt qu'on porte à ce qui est dit) et encourager l'humour (ce qui manifeste l'appréciation de la performance du professeur).

Demander au professeur de répéter

Si les élèves demandent au professeur de répéter, c'est sûrement que le rythme auquel les informations leur sont transmises ne leur permet pas de les enregistrer ou d'en prendre note. C'est aussi que la répétition amène la plupart du temps le professeur à reformuler ses énoncés, à préciser sa pensée et à fournir des exemples, ce qui facilite les apprentissages.

La répétition ralentit le rythme de l'exposé et favorise la mémorisation ainsi que la compréhension. En faisant répéter, les élèves envoient à leur professeur des signaux qui lui indiquent que l'exposé doit être fait à un rythme qui permet de prendre des notes et de comprendre au maximum ce qui leur est communiqué.

Poser des questions

Les questions ont la même fonction que la demande de répétition. Lorsqu'elles ne visent qu'à ralentir le rythme, elles paraissent hors contexte. Lorsqu'elles sont à propos, elles permettent un traitement plus approfondi de ce qui a été dit. Elles conduisent souvent le professeur à ajouter des éléments d'information importants pour la compréhension. Assez fréquemment, la réponse à une question amène le professeur à donner des exemples supplémentaires. Or, nous savons que le nombre d'exemples est un facteur essentiel à la formation des concepts. Ici aussi, dans une certaine mesure, nous pourrions dire que les élèves « se permettent de faire l'éducation de leur professeur ».

Encourager l'humour

Il est bien connu que les élèves peuvent utiliser l'humour pour perturber la transmission continue d'informations. Mais nous pouvons imaginer aussi que les élèves se servent de l'humour du professeur pour créer les conditions nécessaires à l'apprentissage. Ils expriment clairement qu'ils préfèrent les exposés et les professeurs qui utilisent l'humour.

L'humour contribue-t-il vraiment à faciliter l'apprentissage ? Un exposé humoristique est-il meilleur qu'un exposé sérieux pour faire apprendre ? Les études de Kaplan et Pascoe (1977) indiquent que le fait d'introduire de l'humour dans les exposés a peu d'impact sur les performances des élèves lors de l'évaluation des apprentissages. Dans l'ensemble, l'humour n'augmente pas l'efficacité de l'exposé, il ne conduit pas nécessairement à un meilleur apprentissage des divers éléments présentés. Seul l'usage d'exemples humoristiques venant illustrer les concepts majeurs d'un exposé a un effet sur la formation de ces concepts. Aussi, il faut limiter nos attentes quant à l'efficacité de l'humour à sa simple capacité d'attirer l'attention des élèves sur des éléments importants de l'exposé et d'encourager un traitement plus en profondeur de ces derniers.

L'humour attire la sympathie des élèves non pas parce qu'il contribue directement à l'apprentissage, mais surtout parce qu'il permet d'établir un rythme qui facilite la compréhension et la prise de notes. L'humour limite le flot des informations nouvelles et permet un traitement plus en profondeur des informations transmises. Ce traitement pourrait très bien être fait avec sérieux. Cela aurait le même effet sur l'apprentissage. Cependant, « l'éducation » du professeur par les élèves se fait plus facilement lorsque ceux-ci peuvent renforcer les activités que le professeur mène déjà et qui contribuent à ralentir le rythme de la transmission des informations.

La clarification de l'objectif d'apprentissage

D'autres interventions des élèves signalent que s'ils avaient une idée de ce qu'ils devraient apprendre au cours de l'exposé, leur tâche serait considérablement facilitée. En effet, les élèves ont besoin qu'on oriente le traitement des informations qu'ils ont à faire. C'est pourquoi il est fréquent d'entendre certains élèves demander : « Faut-il apprendre tout ça ? ». Ainsi, ils amènent le professeur à départager l'essentiel de l'accessoire et à indiquer ce qu'il faut absolument apprendre.

Une autre façon qu'ont les élèves de faire préciser ce qu'on attend d'eux est de dire tout simplement : « Je ne comprends rien ! ». De cette façon, le professeur est amené à faire le rappel des apprentissages antérieurs, à donner l'objectif du présent exposé et à faire le lien entre ce qui est dit et ce qui a été précédemment étudié. Ainsi, les élèves réussissent généralement à savoir ce qu'ils devraient retirer de l'exposé. Ceci oriente leur travail.

Royer (1977) a constaté que si on donne aux élèves une idée de ce qu'ils devraient apprendre pendant l'exposé et ce, avant que celui-ci ne commence, ils apprennent effectivement davantage de cette activité. La recherche donne donc raison aux élèves qui réclament tout naturellement qu'on leur situe la démarche à suivre et qu'on oriente le traitement qu'ils doivent faire des informations.

Les explications du traitement de l'information

Pourquoi les élèves n'arrivent-ils pas à enregistrer les données d'un exposé sans avoir à prendre des notes, à poser des questions, à faire répéter et à demander plus de détails ? La réponse est bien simple : parce qu'ils sont intelligents. En effet, si les élèves étaient de simples automates et se contentaient de répéter ce que leurs sens auraient perçu, comment pourraient-ils exercer leur intelligence, discriminer l'utile de l'accessoire, aller à l'essentiel et se faire une représentation juste de la réalité?

Notre cerveau, centre de notre intelligence, ne fonctionne pas comme un magnétophone. Ce que nous enregistrons n'est pas le stimulus lui-même, ce que nous percevons par nos sens. En fait, nos souvenirs ne sont pas le rappel de notre expérience ou de nos perceptions ou encore de nos mouvements. Ils sont toujours des reconstructions de la réalité vécue ou perçue. C'est pourquoi il y a tant de possibilités de transformation des faits réels. Aussi les élèves d'une même classe, ayant reçu les mêmes leçons, n'en ont pas le même souvenir, n'ont pas « mémorisé » les mêmes notions.

Nous ne mémorisons pas nos perceptions elles-mêmes et nous ne tenons pas compte de toutes les informations qui nous arrivent. Cassirer (1946) faisait remarquer que : « C'est le caractère de finalité de nos activités qui guide notre choix dans les informations. Ce que nous traitons n'est pas déterminé tant par le " contenu " de notre expérience que par la " signification " de certaines informations pour nos actes et nos intentions. Seulement ce qui est important pour notre activité est retenu du flux des informations. En résumé, on n'apprend pas tant de l'expérience qu'on apprend pour l'expérience. »

Les élèves, comme nous-mêmes, ne recherchent dans les informations que nous leur donnons que ce qui a du sens par rapport à l'idée qu'ils se font de ce qu'ils ont à faire avec ce qui leur est dit. C'est l'activité scolaire elle-même qui détermine l'importance accordée à l'information transmise par le professeur.

La construction de modèles

L'activité d'apprentissage est une activité intelligente car elle ne consiste pas à enregistrer le discours d'un professeur, mais à construire pour soi une représentation utile de réalités et d'activités, de façon à pouvoir agir aisément dans diverses circonstances. Or, la réalité est toujours complexe et les situations trop diverses pour que la mémorisation des perceptions soit utile dans l'orientation et l'élaboration de notre conduite. Chaque situation rencontrée présente donc trop d'informations à la fois pour que nous puissions décider directement de la conduite à adopter à partir de ces informations, parce qu'elles seront toujours différentes de celles que nous aurons déjà reçues.

Pour être efficace, notre cerveau construit, à partir des informations reçues, des modèles simplifiés, abstraits, de la réalité. Ce sont ces modèles qui servent au choix de nos comportements, qui servent à organiser notre conduite. Ce n'est donc pas la situation qui détermine directement notre conduite ; c'est l'idée que nous nous en faisons, c'est le modèle que nous en avons.

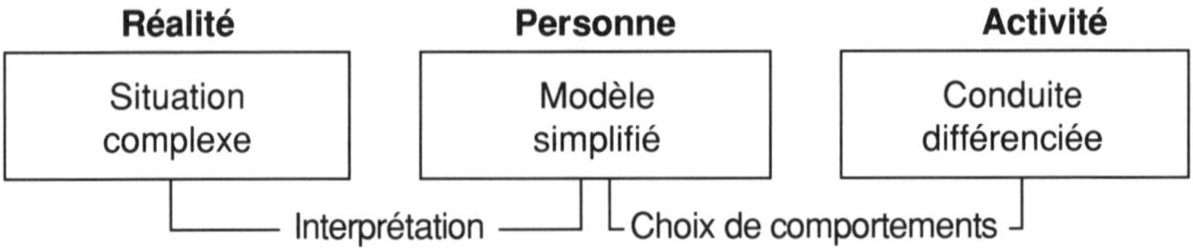

Ceci nous permet de comprendre pourquoi, dans les mêmes circonstances, un spécialiste agira rapidement et efficacement, alors qu'une autre personne sera tout à fait inefficace. Grâce à l'organisation « modélisée » de ses connaissances, l'expert reconnaît rapidement les caractères d'une situation qui commandent telle action qu'il conduit aisément. L'apprentissage consiste à construire ces représentations de la réalité et ces structures d'activité qui permettent d'être familier avec des situations réelles.

Lors d'un exposé, l'élève ne cherche pas tant à le mémoriser qu'à en extraire les modèles de pensée utiles à son activité. La fonction de l'enseignement est d'encourager la construction de modèles appropriés, cohérents et complets. La masse toujours confuse des informations présentes dans un environnement réel ne peut prendre de sens, pour un individu, qu'à la condition qu'il dispose des structures cognitives appropriées.

Tout individu agit logiquement par rapport à sa structure mentale. Les « fautes » commises par les élèves proviennent des faiblesses des modèles mentaux qu'ils utilisent. Pour corriger la situation, il faut identifier les lacunes du modèle de référence et travailler à sa modification.

Les opérations de traitement de l'information

Pour comprendre l'utilisation et l'élaboration des modèles mentaux, la psychologie cognitive utilise un modèle du traitement de l'information. Grâce à ce modèle, nous pourrons découvrir qu'apprendre peut signifier divers phénomènes mais que dans aucun cas, il ne s'agit d'un enregistrement automatique.

L'apprentissage désigne l'acte volontaire d'étude d'un ensemble donné d'informations qui permet d'en dégager des modèles retrouvables à volonté ET utilisables avec habileté. C'est une fonction fondamentale du cortex cérébral. Il s'agit en effet de neurones qui établissent des liens synaptiques. « Apprendre, c'est stabiliser des combinaisons synaptiques préétablies » (Changeux, 1983). La mise en place des neurones du cortex est le fruit d'une organisation génétique, mais la spécificité des connexions entre les neurones, l'élaboration du réseau des connexions et la « modélisation » des structures résultent de l'apprentissage. Il ne s'agit pas d'une opération unique ; selon la complexité de la tâche, cela implique des modifications plus ou moins nombreuses et plusieurs façons de faire. Le traitement de l'information peut comprendre des opérations comme :

- *l'encodage des informations mises en mémoire* : la constitution d'un ensemble cohérent de connaissances selon un code (langagier) ;
- *l'organisation des informations* : l'addition d'éléments à la base de données ou sa restructuration ;
- *le raffinement du réseau de discrimination* : l'amélioration des indices de reconnaissance ou de la routine de repérage des informations ;
- *la complexification des systèmes de production d'information* : le perfectionnement des stratégies de recherche ;
- *le réajustement du système de contrôle* : la modification des fonctions d'évaluation et de guidage de l'activité;
- *la création de nouvelles structures (modèles)* : l'augmentation de la capacité de traitement de nouvelles informations grâce à des structures plus appropriées ;
- *le perfectionnement du système linguistique* : l'amélioration des outils d'encodage que sont le vocabulaire (lexique), la syntaxe (règles de structuration) et la sémantique (règles de construction du sens) ;
- *la diversification des modes d'organisation de l'information* : l'enrichissement des modes de représentation de l'information en mémoire.

Comme l'apprentissage consiste à structurer son propre réseau synaptique (liens entre les neurones) à partir du réseau déjà établi, un apprentissage donné exigera, pour chacun, des opérations différentes. Apprendre la même chose ne signifie pas procéder aux mêmes opérations ; tout dépend de la structure cognitive de départ.

Le système de traitement de l'information

Pour comprendre ces opérations, il faut se représenter non pas le support biologique qu'offre le cerveau, mais plutôt le système des fonctions exercées par le cerveau. Ce système de traitement de l'information peut être conçu de façon plus ou moins complexe. Nous ne porterons ici notre attention que sur les éléments dont doivent tenir compte les professionnels de l'enseignement.

Quatre fonctions essentielles

Le système de traitement de l'information joue essentiellement quatre fonctions : la PERCEPTION des stimuli, le TRAITEMENT des informations reçues, le STOCKAGE des connaissances construites et la RÉPONSE aux situations perçues. Voyons comment le système exerce ces fonctions.

La perception ou la mémoire sensorielle

Pour qu'il puisse y avoir traitement de l'information, des stimuli doivent être captés. Pour cela, des récepteurs sensoriels sont essentiels. Il faut que ces stimuli affectent le système et soient conservés de façon minimale. C'est pourquoi on parle généralement de mémoire sensorielle. On sait par exemple que la mémoire sensorielle visuelle retient des détails assez importants d'une image pendant quelques secondes, soit pendant le temps d'un clignotement de l'œil. On croit également qu'une telle forme de mémoire (une trace d'un stimulus) existe pour les systèmes auditif et tactile. Même si on ne connaît pas encore très bien les mécanismes qui en sont responsables, on connaît l'importance du rôle des entrées sensorielles. À cette première étape, l'apprentissage peut déjà être bloqué.

Vous avez sans doute remarqué qu'au niveau de la mémoire sensorielle, nous avons parlé de trace d'un stimulus et non d'information. Nous avons préféré garder le terme « information » pour les signaux porteurs d'un message. À ce niveau, on rencontre aussi bien le bruit que l'information. Le travail du cerveau est de traiter ces impulsions mémorisées sous forme de traces sensorielles pour répondre aux questions cognitives (ce qui est en traitement) et réduire l'incertitude. Il y a information lorsque l'impulsion permet que le récepteur possède plus de connaissances après l'avoir reçue qu'avant. Autrement, le stimulus est un non-sens ; il ne peut être relié à aucun élément déjà connu, c'est alors du BRUIT. Le bruit est un signal qui ne porte pas d'information, qui ne peut être interprété. Ici, il peut être aussi bien acoustique, visuel que tactile.

Du point de vue cognitif, le bruit est toujours la conséquence de l'ignorance. Ainsi, un touriste plongé dans une foule à Hong-Kong ou au Caire ne percevra que du bruit, alors que la plupart des gens y reçoivent des informations. C'est tout simplement que le touriste ignore le code, la langue qui lui permettrait de donner du sens à ses perceptions. Pour suivre un exposé, il faut plus que la simple perception des sons émis par le professeur. Il faut maîtriser la langue suffisamment pour décoder son niveau de langage et il faut aussi avoir assez de connaissances reliées au domaine pour interpréter ce qui est dit. Tout n'est donc pas affaire d'écoute, de perception.

Le traitement ou la mémoire de travail

Nous comprenons déjà que ce n'est pas l'énoncé de la formule d'Einstein, $E = mc^2$, qui constitue une information. Une équation, comme tout mot, peut être riche d'information, à condition d'être familier avec le code et le domaine de connaissance auquel elle appartient. Autrement, elle peut n'être que du bruit. La capacité de l'individu à la traiter en fait une information.

Voici un message qui résume la pensée des enseignantes et des enseignants qui considèrent que pour apprendre, il suffit d'écouter.

Vous avez sans doute saisi ce message. Est-il identique au texte qui vous a été présenté? Avez-vous lu ce qui vous a été transmis ? Avez-vous remarqué que ce qui est écrit n'est pas « Tout dépend de la perception », mais bien « Tout dépend de la la perception »? Aviez-vous perçu la présence des deux « la »? Peut-être pas. En traitant l'impulsion visuelle, vous avez recherché une information sensée. Or, le deuxième « la » ne contribue pas au sens. Il n'est que du bruit et vous l'avez probablement ignoré. Au-delà de la perception sensorielle, il y a donc une perception intellectuelle, une interprétation, un traitement de l'information. C'est la fonction de la mémoire de travail.

Nous savons qu'une fois perçue, l'information ne s'efface pas immédiatement. Ainsi, lorsque nous devons payer un objet dans un magasin, nous n'avons habituellement pas à écrire ce que nous voulons acheter et le prix de l'objet, pendant que nous comptons notre monnaie. Les informations relatives à une tâche sont donc conservées un certain temps, le temps d'exécution de la tâche. Il se peut fort bien que je ne me rappelle pas du prix payé pour l'objet acheté bien peu de temps après avoir quitté le magasin, mais je l'ai gardé en mémoire le temps de l'acheter.

Il y a donc une fonction de travail dans la mémoire, une sorte de « table de travail » qui garde les informations en traitement. Les chercheurs ayant remarqué que nous ne sommes pas conscients de nos connaissances en dehors des moments où nous les utilisons, ils ont aussi appelé la mémoire de travail, mémoire consciente.

Il y a des limites à la mémoire de travail : des limites de quantité d'information et des limites de temps de rétention de ces informations. C'est pourquoi on appelle cette mémoire le plus généralement MÉMOIRE À COURT TERME ou mémoire courte. La capacité de la mémoire de travail est en effet très limitée. Dès 1956, Miller a remarqué d'abord que nous ne pouvions garder en mémoire qu'un petit nombre d'informations à traiter. Six ou sept chiffres, par exemple, seraient tout ce que nous pouvons mémoriser à un moment donné. C'est ainsi que nous pouvons retenir un nouveau numéro de téléphone de sept chiffres, le temps d'aller au téléphone et de le composer. Par contre, si quelqu'un introduit une nouvelle information en nous demandant l'heure, par exemple, nous ne pourrons retenir le numéro et faire notre appel. Lorsque nous faisons entrer dans la mémoire de travail plus d'informations qu'elle ne peut en prendre, des éléments doivent en sortir. Cela nous informe sur la nécessité de maintenir un rythme acceptable lors des exposés.

Miller a ensuite observé que chaque « unité » mémorisée (*chunk*) pouvait contenir une quantité variable d'information. Il peut y avoir des regroupements d'éléments en une seule unité mémorisée. Le *chunk* est une unité de stimuli ayant une signification familière. Ainsi, si on nous donne à mémoriser, une à la fois, les lettres suivantes, ATOSMPUJEAP, et qu'on nous demande de nous en souvenir dans n'importe quel ordre, la tâche sera très difficile. Par contre, en organisant ces lettres pour former les mots JEU, MOTS et PAPA, il devient facile de retrouver toutes les lettres. L'organisation significative, le sens, est la condition d'exploitation maximale des capacités de la mémoire. Dans ses exposés, le professeur doit en tenir compte.

La mémoire à court terme est donc ce « système de mémoire transitoire dont le rôle est de maintenir active une quantité limitée d'information nécessaire à l'exécution des actions en cours » (Fortin et Rousseau, 1989). Par définition, cette mémoire doit oublier le plus rapidement possible toute information non requise par la tâche en cours d'exécution. Lorsque la tâche de l'élève se limite à reproduire textuellement les phrases prononcées par un professeur, il est normal qu'une bonne partie de ces phrases soient oubliées, compte tenu des caractéristiques de la mémoire à court terme.

De plus, il faut tenir compte du processus d'attention sélective qui retient, parmi les stimuli provenant d'une situation, seulement ceux qui ont rapport avec ce qui est en traitement dans la mémoire de travail. L'élève dans la lune traite en fait des souvenirs et ignore les stimuli qui lui parviennent de l'extérieur. L'élève qui converse avec un voisin traite habituellement des informations différentes de celles transmises par le professeur.

Le stockage ou la mémoire à long terme

La mémoire de travail a trois fonctions essentielles : donner sens aux perceptions (décodage, encodage), élaborer la conduite et gérer l'exécution des tâches. Pour y arriver, elle doit utiliser des souvenirs, des connaissances antérieurement acquises ou encore, constituer de nouvelles connaissances. C'est dire qu'elle peut permettre deux choses : comprendre ou apprendre.

Comprendre consiste à établir, dans la mémoire de travail, une relation entre une nouvelle expérience et l'ensemble de ce qu'on sait déjà (Smith, 1979). Je comprends un texte lorsque j'arrive à attribuer un sens aux structures langagières qui le composent. Cela suppose que j'ai déjà mémorisé des informations semblables. Apprendre, c'est plus que comprendre : cela suppose que, pour donner du sens à une expérience, je doive transformer ce qui est déjà connu, c'est-à-dire changer ma mémoire de stockage, ma mémoire à long terme.

La réserve de connaissances qui sert à donner du sens (comprendre) ou à emmagasiner les structures abstraites nouvelles (apprendre), c'est la mémoire à long terme. Le problème qui se pose à la mémoire à long terme n'est pas tellement un problème de conservation de l'information, mais plutôt un problème de classement et d'organisation de cette information. C'est ce classement qui rend les connaissances (informations mémorisées) facilement disponibles au besoin. La mémoire à long terme possède diverses formes de classement des informations.

La mémoire séquentielle

Lorsque des chaînes verbales ou sonores, dénuées de sens, doivent être mémorisées, nous les constituons dans la mémoire séquentielle. C'est le cas lorsque nous apprenons la série des lettres de l'alphabet, un poème ou une chanson en langue étrangère ou une fable de La Fontaine. Il nous est donc possible de garder en mémoire des chaînes verbales insignifiantes. L'encodage de ce « bruit » se fait habituellement grâce à un rythme sonore. Ainsi, on ne saurait réciter le texte d'une chanson italienne sans que ce dernier ne soit chanté.

Les chaînes verbales sont repérables grâce au premier mot ou à un titre. Elles ne peuvent être remémorées en dehors de la séquence totale. Ainsi, si nous sommes interrompus, il nous faut reprendre notre récitation du début.

Il arrive que les élèves traitent les leçons comme un discours insignifiant (en langue étrangère) et qu'ils les mémorisent par séquences verbales. Cela s'observe lorsqu'à une question d'examen, un élève défile un « extrait » de ses notes de cours qui n'a rien à voir avec la question ou tout simplement lorsque l'élève répète des notions insensées qu'il prétend avoir apprises à l'école.

Lorsque l'apprentissage scolaire est confondu avec la mémorisation de séquences verbales, on est bien loin d'une activité d'intelligence. L'apprentissage est toujours une mise en mémoire, mais ce devrait être exceptionnellement une mise en mémoire séquentielle. Cette mémoire est tout de même utile ; nous n'avons qu'à penser à l'utilité de mémoriser la suite ordonnée des lettres de l'alphabet lorsqu'il s'agit de consulter un dictionnaire.

La mémoire épisodique

Lorsque des expériences personnelles, des événements auxquels nous avons participé sont mis en mémoire, ils le sont dans la mémoire épisodique. C'est une mémoire en quelque sorte autobiographique, car elle garde ce que nous avons fait ou ce que nous avons observé. Le lien entre les divers éléments de cette mémoire est la réalité spatio-temporelle, les lieux et le temps où ces événements se sont produits.

Cette mémoire est très utile lorsque nous avons perdu nos clés, par exemple. Elle nous permet de remonter le fil des événements. Lorsque l'élève agit en spectateur, il utilise parfois cette mémoire comme outil d'apprentissage. Il cherche alors les réponses dans le « film » de ce que le professeur a fait. Cette mémoire est cependant peu utile dans l'interprétation des nouvelles situations.

La mémoire sémantique

Lorsque des modèles abstraits peuvent permettre de comprendre la réalité ou des activités, c'est dans la mémoire sémantique que ces modèles s'élaborent. Ils forment des éléments d'une structure organisée (logiquement, hiérarchiquement) qu'on appelle la structure cognitive. L'outil d'élaboration de cette structure est le langage, les symboles verbaux (Vygotsky, 1934).

La mémoire sémantique retient les connaissances propositionnelles (aussi appelées déclaratives ou conceptuelles). Il s'agit de l'information que nous possédons sur des faits, des choses ou des êtres, de façon à tenir sur eux un discours cohérent. Cette mémoire conserve aussi les connaissances procédurales (ou opératoires). Ce sont les informations que nous avons sur la façon de conduire des activités. C'est la mémoire de nos habiletés. Enfin, elle garde les connaissances circonstancielles, c'est-à-dire les indications sur les contextes où diverses connaissances sont utiles.

Il ne faut pas voir ces diverses mémoires comme des « lieux » distincts du cerveau, comme des entités isolées les unes des autres ; au contraire, elles sont interreliées. Ce sont des modes différents de représentation de la réalité. Il ne s'agit là que d'un modèle des fonctions du cerveau. Cependant, il nous permet de comprendre que l'élève qui prétend apprendre ne fait peut-être pas les opérations nécessaires à l'apprentissage scolaire.

Parce que la mémoire de travail a des limites, il nous faut développer dans la mémoire de stockage des outils (connaissances procédurales) et des éléments structuraux de classement (connaissances déclaratives) qui rendent possible un traitement approprié des informations qui nous parviennent. Ce traitement est nécessaire lorsqu'une information passe un premier filtre, celui de l'attention sélective. Or, les élèves disposent inégalement de ces outils et de ces éléments de classement des informations contenues dans les exposés. Leur traitement, nécessaire pour que s'exercent l'intelligence, la compréhension et l'apprentissage, se fait donc avec une rapidité et une justesse variables. Aussi, bien souvent, l'élève est réduit à la prise en note d'informations insignifiantes, non traitées, pour remettre à plus tard le traitement nécessaire à l'apprentissage. Dans ce cas, il n'est pas sûr que l'élève soit en mesure, laissé à lui-même, de traiter convenablement les informations recueillies sur papier. Le professeur doit non seulement transmettre des informations, mais guider leur traitement et vérifier comment l'élève les a intégrées à sa structure de connaissances. Il a un rôle de médiation dans l'élaboration des connaissances. Cette médiation permet de dépasser la transmission des données pour construire les éléments de classement et les outils intellectuels dont les élèves pourront se servir par la suite dans le traitement de nouvelles informations.

La réponse ou les effecteurs

Le dernier élément du système de traitement de l'information est le sous-système des effecteurs, des mécanismes de réponse. Ces mécanismes, le plus souvent des muscles, agissent selon un modèle de conduite, une séquence de comportements gérée par la mémoire à court terme.

Voici une vue d'ensemble de l'architecture du système de traitement de l'information tel que nous l'avons décrit :

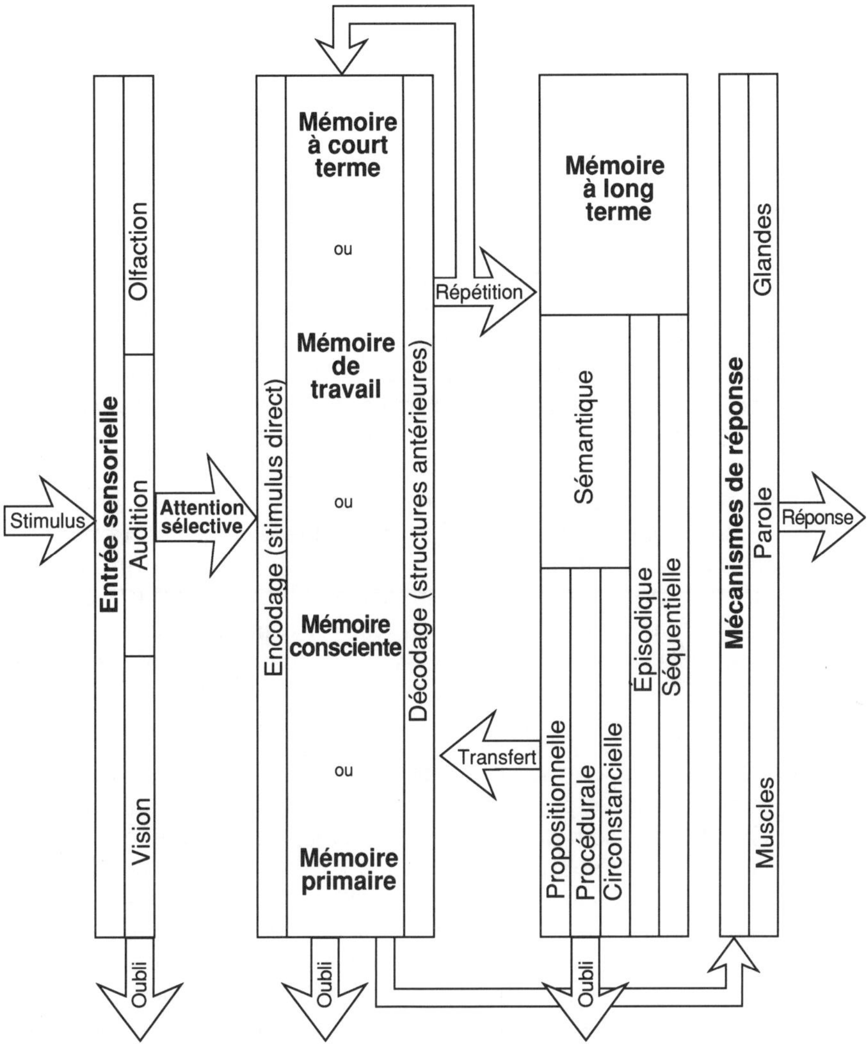

Conclusion

Les caractéristiques du fonctionnement du cerveau ne permettent pas aux élèves d'enregistrer un flot continu d'informations. Ils doivent traiter ces informations pour leur donner sens et s'en servir dans la construction de leur structure de connaissances propositionnelles ou procédurales. Or, le traitement que font les élèves s'effectue avec les éléments issus de leurs apprentissages antérieurs. Ceci explique que le traitement ne soit pas toujours approprié. La tâche des élèves n'est pas aussi simple que nous voudrions qu'elle soit. Cela fait en sorte que notre tâche non plus n'est pas aussi simple que nous voudrions qu'elle soit. Nous ne pouvons pas nous contenter de transmettre des informations ; nous devons guider leur traitement et vérifier la structure de connaissances qui en résulte.

Lorsque nous transmettons des informations, il faut en faciliter le traitement par les élèves. Tout d'abord, nous pouvons orienter l'élève, en lui indiquant, avant l'exposé, ce qu'il devrait rechercher dans l'ensemble des informations qui lui seront transmises. Ensuite, nous pouvons aider les élèves en faisant alterner les moments d'exposé et les moments de prise de notes, afin de leur éviter d'avoir à faire deux opérations à la fois. Puis, pour susciter un traitement plus en profondeur des informations, on peut insérer des questions au cours de nos exposés, encourager les élèves à ne pas recopier mot à mot ce qui leur est dit, mais à chercher plutôt à traduire les messages dans leurs propres mots, les inviter à organiser les informations sous forme de tableaux, de schémas ou de structures de concepts. De plus, nous pouvons faciliter le traitement des informations en fournissant des repères, un plan de l'exposé, et en reprenant fréquemment les éléments importants pour les associer les uns aux autres. Enfin, nous pouvons arriver à promouvoir l'apprentissage lors des exposés en vérifiant occasionnellement la compréhension que se font les élèves de ce qui leur est communiqué. Ainsi, il est possible de rectifier la compréhension en cours de route, avant que de fausses interprétations ne rendent la tâche trop difficile.

S'il se réalisait, le rêve de plusieurs professeurs d'avoir une classe d'élèves qui comprendraient tout, tout de suite, à un haut niveau et à un rythme permettant de couvrir les programmes les plus ambitieux, démontrerait que les élèves n'ont pas besoin de professeurs ; cela signifierait que leur système de traitement de l'information est déjà élaboré, qu'ils n'ont plus besoin d'apprendre. Heureusement, ce rêve ne se réalisera jamais. Les élèves auront toujours besoin qu'on les aide à construire leur système de connaissances. Aussi, lorsqu'ils nous manifestent qu'ils ont besoin de notre aide dans leur apprentissage, laissons-nous éduquer par eux. Nous développerons ainsi les habiletés professionnelles qui démontreront que nous pouvons leur rendre service dans leur processus d'apprentissage.

Troisième postulat : Suffit-il d'écouter pour apprendre et de parler pour enseigner ?

Devant les résultats d'un examen révélant l'ignorance de ses élèves, un professeur pourrait bien s'exclamer : « Comment ont-ils bien pu faire pour rater cela ? J'avais tout DIT en classe ! Après tout, ils n'avaient qu'à ÉCOUTER ! ». Ce discours ne s'apparente-t-il pas à ce qu'on peut entendre généralement dans les salles des professeurs ? Vous avez peut-être remarqué, comme moi, combien est encore répandue la conviction que le fait de parler pour le professeur et le fait d'écouter pour les élèves suffisent à expliquer la dynamique de la relation pédagogique.

La quasi-exclusivité de l'exposé comme méthode d'enseignement ne s'expliquerait-elle pas par ce postulat généralement admis que c'est en parlant que les professeurs enseignent et que c'est en écoutant que les élèves apprennent ?

André Paré (1983) faisait remarquer que : « Le geste spontané de l'enseignant représente le geste le plus évolué qu'il puisse poser à un moment de son développement. ». En effet, l'activité d'enseignement, comme toute activité, est guidée par la structure interne de connaissances que chacun s'est constituée à partir de l'information recueillie et intégrée tant au cours de ses études que de son expérience professionnelle.

L'acte d'enseignement apparaît ainsi comme le moment privilégié de l'expression de la structure cognitive qui oriente réellement chacun des gestes du professeur. Si, lors de la préparation des cours, l'exposé apparaît spontanément comme le seul élément de son enseignement, on doit s'interroger sur son modèle de référence, c'est-à-dire la représentation que le professeur se fait de la relation pédagogique. Après tout, comme l'affirme Elliott (1976), devenir conscient de ses théories, c'est ce qui change la pratique.

Afin de préciser la théorie qui guide la pratique de l'exposé, je propose de mettre à l'épreuve le postulat qu'il suffit d'écouter pour apprendre et de parler pour enseigner, en le confrontant avec des arguments en faveur de l'élimination des exposés dans l'enseignement. À la suite de cette confrontation, je préciserai le rôle de l'exposé dans la relation pédagogique et les conditions que l'enseignement devrait respecter pour favoriser pleinement l'apprentissage.

Suffirait-il de parler pour apprendre et d'écouter pour enseigner ?

Supposons que, pour améliorer la pédagogie, on propose de faire le contraire de ce que font la plupart des professeurs. On dirait alors qu'il suffit de parler pour apprendre et d'écouter pour enseigner. Quels seraient les slogans de la nouvelle pédagogie ? Examinons-en quelques-uns et voyons jusqu'à quel point ils peuvent secouer nos certitudes quant à l'utilité de l'exposé.

Les élèves ont besoin de développer des habiletés et non de mémoriser des informations

On peut demander aux élèves de mémoriser un grand nombre d'informations. Par contre, lorsque ces informations sont insignifiantes pour l'élève et qu'elles doivent être mémorisées de façon machinale, on se rend compte qu'elles sont inutilisables dans les situations de la vie courante. Aussi, puisque les études servent au développement de l'élève, on comprend que les habiletés à développer dépassent la simple mémorisation. On a mis en lumière l'importance d'initier les élèves au processus par lequel la connaissance est produite et non seulement au corps de connaissances déjà constitué. Devenus adultes, les élèves ne seront pas appelés à répéter les connaissances déjà acquises, mais bien à les utiliser et parfois à contribuer à les dépasser par la recherche. C'est pourquoi on dit qu'il vaut mieux développer l'esprit critique que la soumission obligée lors d'un simple survol des connaissances actuelles. On admet donc généralement que l'enseignement des sciences, par exemple, ne peut être confondu avec l'énoncé de recettes qui permettent d'obtenir certains résultats. Il faut développer, par l'enseignement des sciences, les habiletés d'observation, d'expérimentation et d'analyse. La maîtrise de la démarche scientifique apparaît plus utile que la mémorisation des connaissances scientifiques.

On pourrait résumer ces réflexions sur ce que devraient apprendre les élèves par le slogan suivant : il faut apprendre à apprendre, c'est-à-dire développer les habiletés de production de ses propres connaissances, de son savoir. Ceci semble exclure l'utilité de l'exposé et favoriser les activités s'apparentant au *learning by doing*, à l'apprentissage par l'action. Enseigner, c'est faire étudier les élèves, les « faire travailler », dirait Antoine Prost (1985). L'exposé, étant une activité du professeur, semble exclu. Cela est-il bien justifié?

Le discours et les pratiques pédagogiques liées à l'optique qui précède séparent le processus et les résultats du savoir. Cette division intellectuelle est artificielle et insoutenable pédagogiquement. Nous savons bien que les habiletés ne se développent pas indépendamment des connaissances (d'un ensemble d'informations, de concepts, de principes organisés hiérarchiquement) qui permettent à l'individu de juger de l'utilité relative des diverses habiletés. Les techniques et méthodes ne prennent sens qu'en rapport avec une organisation conceptuelle des connaissances. Ceci s'illustre facilement par l'habileté de lecture. On ne peut réduire cette habileté au déchiffrage des lettres, des accents et de la ponctuation. C'est la connaissance du sujet traité qui détermine la capacité de lire. Un texte faisant référence à des réalités qui nous sont totalement inconnues risque de nous paraître du chinois. De même, l'esprit critique ne peut être confondu avec l'habileté à nier ; il suppose une connaissance suffisante du domaine où s'applique l'analyse critique.

Pour ce qui est de la pédagogie, cela signifie que l'enseignement des habiletés suppose l'enseignement des connaissances. La connaissance est à l'origine du développement des habiletés. Il faut cependant reconnaître que l'accumulation d'informations n'assure pas que l'individu sera capable de les utiliser. Par contre, l'exercice compétent d'une habileté repose nécessairement sur un certain nombre de connaissances. Le problème pédagogique consiste à déterminer les connaissances nécessaires préalables à l'acquisition de telle habileté. Pour s'engager dans le processus de production du savoir ou même d'utilisation du savoir, l'expérience nous montre que l'élève doit déjà avoir maîtrisé une certaine quantité de connaissances. Nous ne pouvons pas établir précisément la nature et la quantité de ces connaissances, mais nous savons qu'elles sont nécessaires.

L'organisation de l'enseignement ne saurait donc se faire sur la base d'un choix excluant soit les connaissances, soit les habiletés. Deux principes pédagogiques semblent s'imposer ici. Le premier : notre capacité d'apprendre dépend des apprentissages que nous avons déjà faits, et le deuxième : ce qu'on apprend à faire est indissociable de ce qu'on a appris à comprendre. C'est pourquoi l'ancien ministre français de l'Éducation nationale, M. Chevènement, avait choisi d'éliminer les activités d'éveil en affirmant que la meilleure façon d'apprendre à apprendre, c'est encore d'apprendre quelque chose.

Les élèves apprennent plus en discutant qu'en écoutant un exposé

Boby Fong (1987) compare un professeur qui ne susciterait pas de discussions en classe à un pilote qui refuserait d'utiliser un radar dans le brouillard. La discussion oblige les élèves à rendre publics, manifestes, leurs apprentissages. Les propos des élèves sont un indicateur précieux de l'évolution de leur compréhension d'un sujet. Donc, refuser d'utiliser la discussion dans l'enseignement, c'est se priver d'une source d'information continue sur le progrès des élèves. Bien souvent, malheureusement, les examens sont les seules occasions où l'élève peut exprimer sa compréhension et recevoir une appréciation de la part du professeur, appréciation bien sommaire puisqu'elle prend la forme d'un chiffre.

Il est évident que les exposés laissent peu de place à l'expression des élèves. Les exposés n'ont d'ailleurs pas avantage à occuper trop de place. Des études ont démontré que l'attention d'un auditoire commence à diminuer généralement après une vingtaine de minutes. Cela veut donc dire que seul le tiers d'une heure de cours peut être efficacement utilisé par un exposé. Par contre, une discussion bien menée suscite, sur une plus longue période, un intérêt croissant.

En comparant de mauvais exposés avec de bonnes discussions, on clame parfois la plus grande efficacité de la discussion. Il faut toutefois reconnaître que l'exposé a des qualités que la discussion n'a pas. Un bon exposé présente des connaissances nouvelles, fournit le contexte nécessaire à leur compréhension, met en évidence les points importants et établit clairement les liens qui guident la pensée sur un sujet donné. En résumant, en insistant, en répétant, en suggérant et en faisant des opérations intellectuelles, la personne qui fait un exposé guide la construction du savoir chez son auditeur. Ainsi, l'élève peut s'y retrouver dans l'ensemble des informations qui lui sont présentées. Tel n'est pas toujours le cas dans la discussion.

Si l'exposé n'est pas propice à l'interaction manifeste et à la rétroaction immédiate, il a des qualités qui font qu'on ne peut prétendre pouvoir le supprimer. Le professeur, en faisant de bons exposés, offre à ses élèves des modèles de la façon de poser les problèmes et de faire une série complexe de liens qui permettent d'arriver à la compréhension. Ces modèles de la pensée sont utiles à l'apprentissage mais ils ne suffisent pas.

Les élèves silencieux sont moins engagés dans leur apprentissage que les autres

On postule souvent que l'élève extérieurement actif est plus engagé dans l'apprentissage que l'élève réservé qui ne participe pas aux échanges ou aux activités. On est souvent plus positif envers un élève qui pose des questions, qui émet des opinions, qui s'affaire à diverses tâches, etc.

La recherche sur les styles d'apprentissage a mis en lumière le caractère culturel des approches pédagogiques. Les postulats d'égalité, de participation démocratique et d'initiative individuelle dans la société occidentale peuvent porter les pédagogues à valoriser la participation active de l'individu dans sa propre éducation. L'idée que l'individu fait lui-même sa propre réussite dans la société peut atténuer l'importance qu'on attribue aux influences extérieures en provenance, notamment, des éducateurs. Dans ce contexte, le silence, la réflexion personnelle et le retrait de l'action peuvent être interprétés comme des marques d'indifférence, d'inhabileté à travailler en collaboration avec les autres ou de désengagement face à ses responsabilités. Alors, on s'efforce de faire participer tout le monde, de persuader les silencieux de l'intérêt de leur point de vue, d'inviter chacun à dire ce qu'il pense à tout moment.

L'écoute est aussi une vertu. Elle suppose la capacité de garder le silence. Le respect pour le savoir accumulé par les plus âgés et la capacité d'en tirer profit en les écoutant sont-ils des valeurs que la pédagogie doit nécessairement détruire ? Dans certaines sociétés, le silence des élèves provient du respect qu'on a pour la parole. La prise de parole nécessite une préparation, l'acquisition de certaines qualités. Le silence n'est donc pas toujours le résultat de l'apathie ou du désengagement.

De nombreux professeurs ont pu constater que plusieurs élèves silencieux s'avèrent être les meilleurs de leur classe lorsqu'arrive l'occasion d'accomplir les tâches intellectuelles. Leur silence est donc plus actif qu'on ne le croit. L'apprentissage qu'on fait en écoutant ne se résume pas à l'enregistrement du discours qui nous est présenté. Cela suppose l'attention. Cette attention permet de faire le lien entre ce qu'on vient d'entendre et ce qu'on sait déjà, mais aussi de prévoir ce vers quoi l'orateur veut nous amener.

Quel que soit le contexte culturel, l'élève doit apprendre à exprimer ses idées. C'est là un autre apprentissage, mais c'est également une autre façon d'apprendre, une autre porte d'accès au savoir. L'expression orale, seule, peut révéler une faiblesse de la pensée. Elle doit s'accompagner de l'acquisition des processus de pensée. L'exposé, ici, peut jouer un rôle important.

Dans quelles conditions l'exposé contribue-t-il à l'apprentissage ?

Le progrès pédagogique, si l'on en croit la brève réflexion que nous venons de faire, ne passe donc pas nécessairement par la négation de l'utilité de l'exposé sous prétexte qu'il s'agit là d'une forme « traditionnelle » d'enseignement. Par contre, conserver l'exposé comme seul élément d'une méthode d'enseignement ne serait sans doute pas plus sage. C'est en fonction des besoins des élèves, déterminés par les exigences de leur processus d'apprentissage, qu'il nous faut organiser notre enseignement. Qu'est-ce que cela nous suggère ?

Situer l'exposé dans une démarche d'enseignement plus complète

Puisqu'on enseigne toujours pour que les élèves apprennent, nos méthodes d'enseignement sont soumises au processus de l'apprentissage. Aussi, une leçon n'est pas constituée d'une seule activité homogène. Au contraire, une leçon, c'est un ensemble d'activités placées en séquence. Chacune de ces activités diffère par les actions du professeur et des élèves, par les tâches respectives et par les effets escomptés.

L'analyse de chaque leçon révèle que l'assemblage des diverses activités est toujours particulier. Il y a différents genres de leçons. Ainsi, une leçon ayant pour objectif de présenter un sujet nouveau pourra commencer par une mise en situation, une présentation de connaissances nouvelles, puis passer à un exercice de manipulation ou d'opérations concrètes. Dans une leçon conçue pour faire acquérir une règle (ex. : la réduction des fractions à leur plus simple expression), on peut faire une brève mise en situation, mais on ira vite à une révision d'habiletés déjà maîtrisées pour présenter de façon marquée le problème nouveau à l'aide d'exemples, puis on passera à une démonstration de la règle, suivie d'une période d'exercices.

Dans la réalité, les professeurs savent bien qu'il ne suffit pas d'avoir dit quelque chose pour que les élèves l'aient appris. La complexité des leçons révèle que les professeurs, par les activités qu'ils mettent sur pied, soutiennent le processus d'apprentissage différemment lorsqu'il s'agit d'acquérir des connaissances ou des habiletés.

Lorsque les élèves n'ont pas réussi à apprendre ce qu'on a voulu leur enseigner, ce n'est donc pas seulement parce qu'ils n'ont pas écouté. La démarche entreprise avec eux n'était peut-être pas complète. Voici quatre conseils qu'on donne généralement pour assurer que l'enseignement soit plus complet :

- Présenter la matière nouvelle en petites étapes suivies d'exercices supervisés pour les élèves.
- Diriger les premiers exercices par la résolution en commun de certains problèmes en guidant le cheminement cognitif des élèves par des questions.
- Poursuivre les applications et les exercices jusqu'à ce que les élèves soient sûrs d'eux-mêmes dans la résolution des problèmes qui leur sont posés.
- Reprendre, à intervalles réguliers, des applications des connaissances acquises jusqu'à ce que les élèves les utilisent de façon spontanée.

On attribue souvent les insuccès des professeurs au fait qu'ils ne poursuivent pas assez longtemps les objectifs qu'ils ont fixés. Apprendre n'est pas chose facile. Cela ne se produit pas instantanément. Il faut donc poursuivre le processus jusqu'au bout.

Améliorer la qualité des exposés

Aujourd'hui, la recherche en enseignement (Brophy, 1986) montre que les élèves apprennent plus efficacement lorsque leurs professeurs structurent d'abord l'information nouvelle, les aident à faire des liens entre cette information nouvelle et ce qu'ils connaissent déjà, influencent les élèves pour qu'ils utilisent certaines opérations intellectuelles particulières, guident leurs activités d'application, fournissent une rétroaction corrective et organisent des exercices répétitifs.

De tout cela, on peut retenir, en ce qui concerne l'exposé, qu'il faut :

- structurer les informations ;
- faire des liens ;
- guider les opérations intellectuelles :
    - attirer l'attention sur certaines informations ;
    - créer des systèmes d'organisation de l'information (matrice, schéma, réseau) ;
    - établir les opérations nécessaires pour arriver à répondre à une question relative au sujet traité.

Pour guider l'organisation des informations, il est parfois utile, au cours d'un exposé, de construire une structure de mise en rapport des informations les plus importantes. Ainsi, on peut remplir une matrice comme celle-ci :

	Mémoire à court terme	**Mémoire à long terme**
Fonction	Service	Emmagasinage
Capacité	Limitée	Presque illimitée
Persistance	Très brève	Longue
Accès	Immédiat	Selon la qualité de l'organisation
Entrée des données	Très rapide	Relativement lente

Ou encore, en abordant de nouveaux concepts, on peut les situer les uns par rapport aux autres dans un réseau hiérarchique.

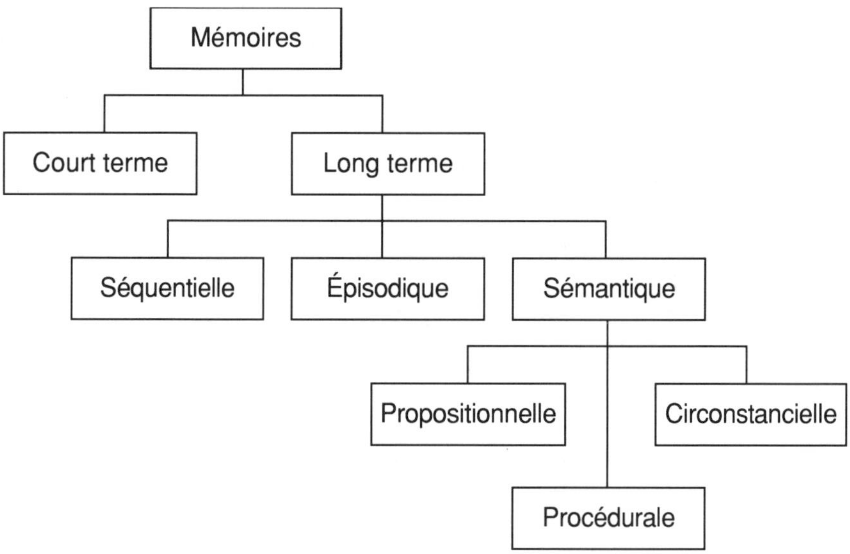

Ou tout simplement, on peut regrouper les informations dans un schéma intégrateur.

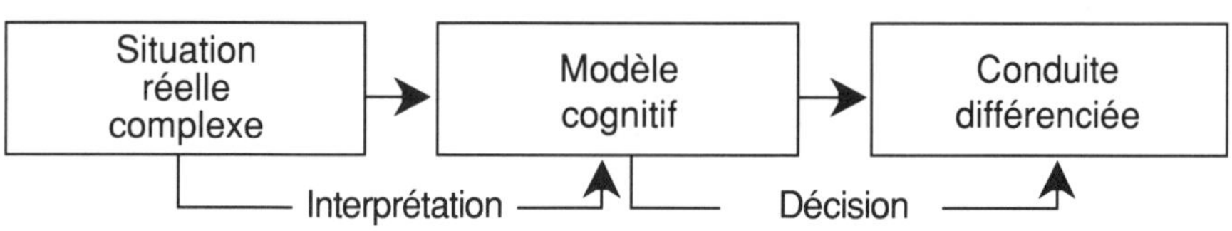

Souvent, il arrive qu'on utilise le tableau comparatif pour montrer les oppositions ou les différences.

Connaissances	Habiletés
◆ font référence à l'INFORMATION	◆ font référence à l'ACTIVITÉ
◆ sont statiques	◆ transforment l'information
◆ s'accroissent par l'étude	◆ s'accroissent avec l'exercice
◆ sont évaluées en fonction de la vérité	◆ sont évaluées en fonction de l'efficacité
◆ sont transmissibles verbalement	◆ se développent par la pratique
◆ sont repérables lorsque structurées	◆ deviennent automatiques

Au cours d'un exposé, il ne s'agit donc pas seulement de parler, il faut parler de façon à influencer la pensée des élèves. Ce n'est pas là une chose simple et toujours facile.

Conclusion

Dans leur façon de parler de l'enseignement, les professeurs ne rendent pas toujours compte de la complexité de leur tâche. Leur activité en classe, au cours d'une leçon, montre qu'ils sont engagés dans des séquences d'activités. Les résultats de l'apprentissage dépendent bien plus de la qualité de ces séquences que du simple discours des professeurs.

Face à des résultats décevants, on peut se demander si les activités proposées aux élèves permettaient vraiment d'atteindre le niveau d'apprentissage mesuré à l'examen. Il est bien évident que le fait de parler, pour le professeur, et le fait d'écouter, pour l'élève, n'expliquent pas convenablement toute la richesse et la complexité de la relation pédagogique. L'élève apprend en écoutant, mais il apprend également en lisant, en faisant des schémas organisateurs des informations reçues, en faisant des exercices, en réagissant à la rétroaction du professeur à la suite d'une erreur, en discutant d'un sujet avec d'autres élèves ou avec le professeur, etc. Bref, l'élève apprend lorsqu'il réorganise pour lui-même l'information qu'il reçoit. Le professeur, lui, enseigne lorsqu'il communique de l'information, mais aussi lorsqu'il permet à l'élève de saisir des modèles de traitement de cette information et d'exercer son habileté à faire lui-même les opérations présentées. Cela dépasse le simple fait de parler.

Oui, il faut écouter pour apprendre et il faut parler pour enseigner. Encore faut-il avoir l'occasion d'apprendre en écoutant et donner l'occasion d'apprendre en parlant. Voilà les véritables préoccupations pédagogiques. Les élèves ont-ils eu l'occasion d'apprendre ? Les activités proposées permettaient-elles aux élèves de modifier leurs capacités dans le sens souhaité? Ont-ils écouté? Si oui, ont-ils fait les opérations intellectuelles nécessaires ? C'est ce qu'il faudrait vérifier.

Quatrième postulat : Toute personne sachant écrire est-elle habile à prendre des notes ?

Lorsqu'on fait un exposé, on s'attend à ce que les élèves en retiennent certains éléments. On ne s'attend pas, surtout si les exposés sont assez longs, à ce qu'ils mémorisent instantanément ce qui est dit. Aussi, il va de soi, étant donné qu'il leur faudra retrouver trace des leçons reçues pour pouvoir étudier, que les élèves aient à leur disposition des notes de cours sous quelque forme que ce soit.

La plupart des professeurs admettant la nécessité des notes de cours ont des points de vue fort différents sur la prise de notes. Les pratiques d'enseignement démontrent ces divergences. Certains ne se préoccupent pas du tout de la façon dont les élèves prennent des notes. Pour eux, tout élève sachant écrire est capable de prendre les notes qu'il juge nécessaires. Parmi eux, certains auront constaté qu'ils parlent trop vite pour que les élèves arrivent à prendre convenablement des notes ; ils seront préoccupés par le débit de leurs exposés. D'autres professeurs, en lisant les notes prises par leurs élèves au cours d'un de leurs exposés, auront pu constater non seulement la grande différence entre les divers documents, mais également les difficultés d'étude que peuvent poser ces notes : absence d'informations importantes, désordre dans la démarche intellectuelle transcrite, inexactitude des données, etc. Face à cette constatation, on peut réagir de deux façons : soit se substituer à l'élève et lui fournir les notes qu'il devrait prendre, soit habiliter l'élève à la prise de notes. Bref, pour certains, le photocopieur, la bibliothèque et l'ordinateur ont éliminé la nécessité de la prise de notes ; pour d'autres, la prise de notes est une étape cruciale de l'apprentissage.

Montaigne disait que les notes sont une « mémoire en papier ». Les notes de cours prises par les élèves ne peuvent-elles pas être la transcription sur papier de ce qui se passe dans leur mémoire ? Ce serait alors un outil précieux pour le professeur désireux de réfléchir sur l'effet de son enseignement, sur l'apprentissage ou la modification de la mémoire des élèves. Cela permettrait d'observer, indirectement, ce qui se passe dans la tête de ceux à qui nous présentons des exposés. La « mémoire en papier », les notes de cours, n'offrent-elles pas au professeur cet outil, cette sonde, qui lui permet d'observer l'organisation de la mémoire de ses élèves ? Cela ne constitue-t-il pas un instrument de travail important ? Les professeurs qui prennent le temps de lire les notes de leurs élèves ou du moins de les examiner de temps en temps le croient. C'est à leur avis un outil qui en dit long sur la compréhension qu'ont les élèves de ce qu'on leur enseigne.

Je propose donc de questionner ce postulat qui veut que tous les élèves soient capables de prendre des notes lors des exposés. Les réflexions porteront sur les deux questions suivantes :

- Pourquoi les élèves doivent-ils prendre des notes ?
- Comment peut-on les aider à développer les habiletés nécessaires à la prise de notes ?

Pourquoi les élèves doivent-ils prendre des notes ?

Si nous examinons les notes dont peuvent disposer les élèves, nous constatons que la « mémoire en papier » prend différentes formes. Certaines notes sont la reproduction exacte de l'exposé du professeur. Si nous comparions les notes prises par l'élève et les notes du professeur, elles seraient, en principe, identiques. Ce type de notes se retrouve surtout dans les cas où on ne fait pas ou peu appel aux technologies de reproduction de textes. Alors, le professeur dicte les leçons, il inscrit au tableau ce que l'élève doit transcrire. L'exposé du professeur n'est qu'un commentaire de ces notes, commentaire plus ou moins important. D'autres notes sont constituées des textes photocopiés distribués par le professeur. Ces textes peuvent être plus ou moins organisés ; ils sont habituellement classés dans l'ordre chronologique de leur distribution. Dans ce cas, les professeurs demandent souvent aux élèves de ne rien noter, de se contenter de chercher à comprendre les exposés, étant donné qu'ils pourront retrouver toutes les informations par la suite. Ici, le professeur distribue ses sources d'information et s'attend à ce que les élèves en tirent le même traitement que celui qu'il en fait dans son exposé. Enfin, il y a des notes de cours qui sont la mise en forme par l'élève des informations reçues, de façon qu'il puisse les utiliser facilement dans l'exécution des diverses tâches scolaires qui lui sont données.

Afin d'apprécier ces différentes pratiques, donnons-nous une définition plus opérationnelle des notes de cours. Empruntons, pour cela, la définition de Hoffbeck et Walter (1987) : une structure intermédiaire entre un produit sur lequel on travaille et une production qu'on doit fournir à partir des notes. En effet, les notes sont toujours issues d'un produit : une conférence, un exposé, une réunion, un entretien, un livre, une observation, etc. Ce produit affecte le niveau de difficulté de la prise de notes. Aussi, les notes sont utiles parce qu'elles sont un outil de production : un compte rendu, un devoir, un examen, un exposé, une tâche professionnelle, etc. Dès lors, une seule raison justifie vraiment la prise de notes : disposer d'informations utilisables dans une production prévue. Les notes ne peuvent donc pas être une fin en soi. Elles sont un intermédiaire déterminé par la nature de la production à laquelle elles serviront.

Si nous prenons maintenant la description élémentaire des divers types de notes de cours qu'on peut rencontrer, nous constatons, à la lumière de la définition que nous venons de donner, que les professeurs préparent les élèves à différentes productions. En effet, les structures intermédiaires constituées en mémoire chez les élèves et exprimées par les notes de cours, ne peuvent servir toutes aux mêmes productions. Pour certains, la mémoire doit reproduire le plus exactement possible ce qui est présenté à l'expérience de l'individu. Alors, la similitude entre le produit sur lequel on travaille (l'exposé), la production que l'élève fera (les réponses d'examen) et les notes de cours doit être assurée. Pour d'autres, la mémoire doit traiter automatiquement, d'elle-même, les informations qui lui sont livrées de façon aléatoire. Alors, l'exposé peut être différent des informations contenues dans les notes et la tâche à accomplir peut être nouvelle par rapport à ce qui a été donné, puisque l'intelligence devrait d'elle-même tirer profit des diverses sources d'information. Pour d'autres, enfin, la mémoire ne reproduit pas le réel, mais construit une compréhension personnelle par l'organisation qu'y prennent les informations. Alors, les notes sont un outil pour l'étude.

En regardant ce qui constitue les notes de cours des élèves, nous pouvons nous interroger sur la relation qui existe entre le produit sur lequel ils ont travaillé (nos exposés) et la production qui est attendue d'eux (nos examens, les apprentissages à venir, les tâches professionnelles qui les attendent). Pourquoi les élèves prennent-ils des notes? Chacun pourra répondre spontanément : « Pour apprendre ! ». Mais alors, pour faire quel apprentissage? La recherche cognitive entreprise, il y a à peine quelques années, a fait naître une nouvelle compréhension de l'apprentissage. Examinons les notions fondamentales de cette façon d'aborder ce processus afin de mieux comprendre le rôle des notes de cours.

D'abord, les élèves construisent leur compréhension de la matière. Le savoir ne se transmet pas préfabriqué, il se reconstruit chez chacun à l'aide des éléments d'information transmis. Les élèves n'ont donc pas pour tâche de redonner simplement ce qui leur est dit. Ils vont toujours chercher à dégager une signification pour eux dans ce qui leur arrive. Ceci signifie qu'inévitablement, au cours du processus d'apprentissage, des interprétations erronées apparaîtront. Les notes de cours peuvent les révéler au professeur qui aura à exercer une nouvelle influence sur le processus de construction de la compréhension de l'élève.

Deuxièmement, l'intention de mémoriser n'a pas d'effet direct sur la mémorisation (Postman, 1981). Ce qui détermine la mise en mémoire des informations dans la mémoire à long terme, ce sont les activités cognitives mises en branle lors de l'encodage, c'est-à-dire le processus qui transforme une trace sensorielle en information ou trace mnésique. Plus simplement, c'est le processus par lequel sont associés à un fait un ensemble de caractéristiques ou d'attributs. Cela se fait par l'attribution de mots à nos perceptions. La prise de notes est l'exercice de cette activité cognitive à l'aide d'un support externe. La prise de notes est en fait une forme de traitement de l'information dont on peut garder la trace. On dit que lire c'est regarder penser. Lire les notes de cours c'est regarder penser nos élèves. Faire prendre des notes devrait être : faire penser, faire organiser, structurer des informations. Différents traitements cognitifs produisent une trace mnésique (*record*) de qualité différente. C'est la profondeur de l'analyse des stimuli qui détermine la persistance de la trace mnésique. Lorsque la prise de notes n'est que la retranscription de stimuli auditifs, l'analyse et la mémorisation sont superficielles. Puisque c'est la qualité du traitement des informations et non la durée de la répétition qui assure une meilleure rétention, la prise de notes devrait constituer un exercice d'analyse et de restructuration des informations.

Troisièmement, tout apprentissage dépend des connaissances antérieures. Le meilleur élément de prédiction de notre capacité d'apprendre serait l'état de nos connaissances préalablement acquises en relation avec ce nouvel apprentissage. L'interprétation de nouvelles informations se fait par leur mise en relation avec ce qui est déjà connu. Il importe dès lors que les exposés favorisent le lien entre ce qui est présenté et les expériences antérieures des élèves. Encore là, les notes de cours traduisent cette opération de mise en mémoire.

Prendre des notes, c'est avant tout comprendre des informations, les traiter de façon à les rendre utilisables en fonction d'un objectif de travail. Dès lors, une seule raison justifie vraiment la prise de notes : elle oblige au traitement de l'information afin de disposer d'une information utilisable dans les tâches à accomplir. Pourquoi faire prendre des notes aux élèves ? Pourquoi leur distribuer des notes toutes faites ? Pourquoi dicter des notes ? Quel traitement de l'information l'élève est-il amené à faire ? En fonction de quelle tâche à accomplir fait-il cela ? Voilà des questions qui pourraient nous permettre de porter un jugement sur le degré d'utilité de la « mémoire en papier » que se donnent les élèves.

Comment favoriser le développement des habiletés liées à la prise de notes ?

Certains élèves, ceux qui réussissent bien, prennent des notes compréhensibles, complètes, claires et intéressantes. D'autres, ceux qui réussissent moins bien, prennent des notes lentement et mal. Le résultat est souvent catastrophique. Rien d'étonnant à cela : la prise de notes est une activité très complexe parce qu'elle est liée à la compréhension qui passe par l'analyse et la synthèse.

> Cela peut paraître en contradiction avec la taxonomie des objectifs pédagogiques de Bloom. C'est, cependant, la façon de voir de ceux qui croient que comprendre, c'est intégrer des informations nouvelles à sa structure de connaissances de façon à les rendre signifiantes. Cela ne saurait donc se faire sans « opérations » d'analyse et sans une organisation personnelle des informations. La compréhension résulterait donc de l'exercice des habiletés dites supérieures.

Face à cette différence, comme chaque fois que nous n'arrivons pas à comprendre un phénomène, nous avons tendance à l'expliquer par lui-même, en lui trouvant un nom. Alors, nous « expliquons » l'habileté à prendre des notes par le « talent », l'« intuition », le « jugement », l'« imagination » ou tout bonnement l'« intelligence ». Il nous faut dépasser l'utilisation de ces concepts pour arriver à expliquer cette différence de performance par quelque phénomène indépendant de la qualité du travail accompli.

Il apparaît aux théoriciens cognitivistes que la différence dans les habiletés de ce genre repose sur le fait que certains connaissent beaucoup plus de choses que les autres et que ces connaissances sont mieux organisées dans la mémoire à long terme. Le professeur peut faire en sorte d'uniformiser, autant que possible, la disponibilité de ces connaissances. Voici quelques exemples utiles à cela.

Préciser la nature du «produit final» auquel serviront les notes

On sait bien que les remarques personnelles qu'on note sur une feuille à l'occasion d'une rencontre entre amis ne ressemblent pas beaucoup aux notes de cours prises en vue de se présenter à un examen. Le professeur peut informer les élèves du type de travail qu'ils auront à faire avec leurs notes. Malheureusement, par habitude, les élèves s'attendent à ce qu'on leur demande de reproduire intégralement ce qui leur a été dit. Alors, ils tentent non pas de traiter les informations, mais tout simplement de les enregistrer.

Inviter à la préparation aux exposés

La prise de notes est souvent facilitée par un travail personnel antérieur au moment de la notation. Par exemple, la révision rapide du cours précédent facilite la compréhension des informations nouvelles. La lecture sur le sujet qui sera traité favorise une écoute plus active, une sélection plus judicieuse des données à retenir, un intérêt qui suscite l'attention active.

Distinguer l'essentiel de l'accessoire

Lorsque l'élève ne cherche qu'à enregistrer par écrit le discours du professeur et qu'il n'arrive pas à tout écrire, on se rend compte qu'il n'a pas, la plupart du temps, réussi à distinguer l'essentiel de l'accessoire. Des détails occupent la même place que les messages essentiels.

Prendre des notes, ce n'est pas reproduire intégralement, c'est abréger, c'est dégager l'essentiel. Pour cela, la reformulation s'impose. Il faut «traduire» les énoncés selon une démarche qui s'apparente au résumé. C'est la seule façon de s'approprier personnellement le message. Le professeur peut encourager cette reformulation en posant des questions aux élèves, mais aussi en procédant lui-même à des reformulations. Il peut également couper son exposé après chaque message important pour permettre sa reformulation par les élèves.

Guider la construction de la pensée de l'élève

Pour comprendre un discours, il faut porter une attention particulière aux éléments suivants :

- le plan de l'exposé (donné au début de l'exposé et rappelé fréquemment) ;
- les grandes étapes du raisonnement (présentées sous forme d'opérations mentales déterminant la succession des idées) ;
- les repères logiques explicitement structurants (amorce, liaisons, rappels, conclusion).

Le professeur dispose de différents procédés de mise en évidence de ces éléments : usage du tableau, répétition de l'information, ralentissement du débit, modification du ton de voix, emploi d'indicateurs tels : « ...il convient de noter ».

Encourager la personnalisation graduelle des notes

On connaît deux types de prise de notes : la notation linéaire classique et la notation modulaire. Les notes « classiques » rendent habituellement compte d'un propos suivi, de façon linéaire. Cela a l'avantage de l'évidence : les informations sont notées dans l'ordre dans lequel elles ont été reçues. On n'a pas à se poser de questions sinon celle de la fidélité, de la conformité. Les notes modulaires sont plus dynamiques et rendent compte de l'organisation faite des idées reçues. Cela a l'avantage de la réflexion : les informations sont combinées à partir d'une idée centrale. Ce processus de schématisation entraîne tout un questionnement qui oblige le traitement des idées.

La prise de notes modulaire est d'autant plus efficace qu'on a déjà une connaissance (même limitée) du sujet traité. Aussi, le professeur peut prévoir le passage graduel de notes linéaires à des notes modulaires (organisées autour d'une idée par feuille). Cela peut se faire par l'introduction de schémas récapitulatifs, par la traduction des notes linéaires en notes modulaires, etc. Tout cela doit se faire au rythme du développement des habiletés des élèves.

Conclusion

L'intérêt que portent les professeurs à la prise de notes varie avec la conception qu'ils se font de l'apprentissage et du fonctionnement de la mémoire. Si nous pouvions croire qu'il est possible de limiter l'enseignement à des exposés tout en laissant à l'élève seul cette préoccupation, ce serait sûrement parce que le processus d'apprentissage pourrait s'identifier à un phénomène de retransmission des messages tels qu'ils ont été reçus. Si nous pouvions croire qu'il est avantageux d'éliminer la prise de notes en fournissant à l'élève les sources d'inspiration de nos exposés, cela se justifierait en pensant que le traitement des informations n'est pas un objet d'apprentissage, mais bien un mécanisme automatique du cerveau.

La compréhension actuelle de l'apprentissage comme modification par traitement de la structure des informations gardées en mémoire nous amène à reconsidérer notre attitude face à la prise de notes. Les notes deviennent un outil pour le professeur qui a ainsi indirectement accès à l'état actuel d'organisation des connaissances chez l'élève pour découvrir quels pourraient en être les défauts expliquant sa performance lors des exercices ou des examens. Par ailleurs, ces notes, comme phase intermédiaire de traitement des informations par l'élève, apparaissent comme un outil privilégié de l'apprentissage.

L'habileté à prendre des notes est dépendante des processus d'apprentissage favorisés par les professeurs. Cette habileté, parfois, se résume à la reproduction de textes élaborés par le professeur. Elle peut, à l'opposé, intégrer tous les mécanismes de compréhension, d'analyse et de synthèse. Comment chacun s'y prend-il pour faire passer ses élèves de l'imitation à l'autonomie intellectuelle, c'est là une facette importante du savoir pédagogique. Cela devrait nous amener à abandonner l'idée que les élèves sont naturellement capables de prendre des notes et nous convaincre qu'il faut nous préoccuper de cette « mémoire en papier », parce qu'elle est à l'image de la mémoire réelle et des opérations que nous lui demandons de faire.

Cinquième postulat : Les élèves disposent-ils toujours des informations nécessaires à la compréhension ?

Nous avons tous déjà été élèves. Nous avons donc dû faire des exposés avant même de commencer à enseigner. Si nous n'avons pas eu fréquemment à présenter oralement nos idées, nous avons eu, du moins, à les présenter par écrit. Cette expérience nous a démontré que nous pouvions réussir à nous faire comprendre, à communiquer notre savoir à nos professeurs. Aussi, nous avons pu croire, au début de l'exercice de notre profession, que l'enseignement serait facile puisqu'il s'agirait désormais non plus d'exposer nos connaissances à des professeurs plus savants que nous, mais à des élèves.

L'expérience, pourtant, nous amène à constater qu'il est plus facile d'exposer nos idées à des personnes mieux informées que nous-mêmes qu'à des personnes n'ayant que peu d'idées de ce dont on parle. En effet, les élèves se montrent souvent plus critiques que nos maîtres. De plus, nous avons habituellement l'impression d'être mieux compris lorsque nous échangeons avec nos collègues ou avec d'autres spécialistes : ils ajoutent des informations pertinentes, ils ouvrent, par leurs questions, des pistes de réflexion intéressantes, ils confirment la justesse de ce que nous disons, etc. Il en est souvent autrement avec les élèves : ils perdent le fil du développement de notre pensée, ils nous interrompent pour se faire expliquer des détails, ils ne tiennent pas compte de tous les éléments fournis pour apprécier la justesse de nos arguments, ils ne retiennent pas nos explications dans l'application qu'ils ont à faire de ce qui leur a été présenté, etc.

Pourquoi ce qui devrait être plus simple est-il, en fait, plus compliqué? C'est peut-être là la question la plus fondamentale de nos premières années d'enseignement. Il n'est pas rare d'y répondre par la mauvaise volonté ou le faible niveau de nos élèves. En outre, le rythme auquel nous avons à faire des exposés (qui diffère grandement de ce que nous avions connu comme élèves) peut nous porter à penser qu'il ne s'agit là que d'un simple problème de préparation.

Avec le temps, nos cours sont construits et nous devenons moins préoccupés par ce que nous avons à dire. L'aisance nous permet alors de « dominer notre matière ». À ce moment, les résultats de l'évaluation des apprentissages prennent pour nous une nouvelle signification : un certain nombre d'élèves n'arrivent pas à comprendre ce que nous leur disons. Cette prise de conscience est parfois douloureuse : de l'élève compétent capable de communiquer son savoir à ses professeurs, on peut avoir l'impression d'être devenu le professeur incompétent, incapable de faire passer sa matière.

Afin de surmonter cette difficulté, il nous faut donc réaliser et admettre que c'est une chose que de faire l'exposé de ses connaissances devant aussi savant que soi et que c'en est une autre de faire l'exposé de connaissances à des personnes qui doivent les acquérir. En effet, les élèves qui abordent un sujet pour la première fois ne disposent pas, eux, de toutes les capacités qui leur permettraient de tout assimiler sur le champ. Nos professeurs n'avaient qu'à comprendre ; nos élèves doivent apprendre. Aussi, au cours des exposés faits par une enseignante ou un enseignant, il ne s'agit pas tant de présenter ses connaissances aux élèves que de leur « donner les moyens de comprendre » (Thyne, 1963).

Comme élèves, nous avons appris à démontrer nos capacités de compréhension. Comme professeurs, nous perfectionnons nos capacités à faire comprendre. Nous allons donc explorer ici une caractéristique essentielle des exposés d'enseignement : la présence des informations rendant les élèves capables de développer leur habileté à penser.

Les niveaux de compréhension visés

Les professeurs font des exposés pour faire comprendre. On constate que, dans l'enseignement, les exposés sont conçus le plus souvent pour trois niveaux de compréhension (Brown, 1978) : la description, l'interprétation et l'explication. Examinons chacun de ces niveaux, ce qui nous permettra d'identifier les informations essentielles que chacun d'eux exige.

La description

Assez souvent, les exposés des professeurs sont faits pour donner aux élèves les connaissances qui permettent de distinguer une réalité (un objet, une structure, un mécanisme, un phénomène, un mouvement, un modèle, etc.). Il s'agit alors de présenter les caractéristiques propres à cette réalité pour un moment déterminé de son évolution dans le temps ou pour toute la durée de son existence. Ces informations permettent à l'élève de décrire les réalités étudiées de façon à pouvoir les reconnaître lorsqu'il les rencontre ; elles permettent à l'élève de savoir de « quoi » on parle.

Plusieurs techniques cognitives sont utilisées lors de tels exposés. En voici quelques-unes qui, conjuguées, permettent habituellement une description de qualité:

L'analogie

L'analogie est une référence à une réalité semblable à celle qu'on étudie. Il s'agit d'associer la nouvelle information à des informations semblables déjà connues par les élèves.

Les situations rencontrées dans la nature ont souvent donné lieu à des découvertes scientifiques ou à des développements technologiques. Ainsi, on doit l'invention du radar à l'étude des chauves-souris qui se dirigent en émettant des ondes qui leur reviennent lorsqu'elles sont réfléchies par un objet. De même, le moteur à explosion, en alignant des pistons, reprend le fonctionnement des canons d'autrefois en coordonnant leur action. En utilisant l'analogie, le professeur permet à l'élève de faire des liens semblables, de découvrir, à son tour.

L'analogie permet de mettre en évidence les caractéristiques communes à la réalité étudiée et aux réalités déjà connues. Cela facilite l'apprentissage.

Les exemples

La technique la plus fondamentale de l'exposé de description est probablement l'exemple. Il s'agit de faire référence à l'expérience de l'élève pour donner sens à l'apprentissage en cours. Ceci permet de savoir clairement à quelle réalité il faut faire référence.

Habituellement, les professeurs prennent leurs exemples au hasard. Il semble, toutefois, qu'on peut augmenter l'efficacité des exposés si on présente d'abord des paires exemple — contre-exemple et si on s'assure que les exemples subséquents diffèrent des précédents et ce, en ordre de complexité croissante (Merrill et Tennyson, 1977). Dans ce cas, le degré de difficulté est déterminé par la facilité avec laquelle, à l'aide de la seule définition, les élèves arrivent à classifier les exemples présentés parmi les exemples ou les contre-exemples.

Le recours à un nombre restreint d'exemples, à des exemples trop faciles ou à des exemples tous convergents et trop semblables serait la difficulté majeure rencontrée dans les exposés à but descriptif. Il faut permettre à l'élève de discriminer, dans son expérience, la réalité étudiée et ce, de la façon la plus précise possible. Aussi, le recours à la perception multisensorielle, dans des contextes différents où formes, rythmes, textures, événements sont présents, est souvent préférable aux simples exemples verbaux. Ceci indique une limite de l'exposé de description.

La définition

Le choix d'une définition n'est pas arbitraire. Toutes les définitions ne sont pas équivalentes. Le professeur doit donc s'assurer qu'à l'aide de la définition fournie, l'élève pourra identifier les caractéristiques communes à un ensemble de réalités (ce que Bruner appelle les attributs) et appliquer la règle qui détermine comment on tient compte des caractéristiques dans la classification d'une réalité.

Ce qui permet d'associer une réalité à une catégorie, ce n'est pas seulement la présence de certaines caractéristiques, mais aussi la façon de combiner ces caractéristiques. On connaît trois types de combinaisons :

- La conjonction d'un ensemble de caractéristiques,
  exemple : LYCHIE
  forme : ronde
  couleur : rouge foncé à l'extérieur ; blanc à l'intérieur
  goût : sucré
  fonction : nourriture.

- La disjonction ou la présence de possibilités dans les caractéristiques,
  exemple : CITOYENNETÉ
  obtenue par : lieu de naissance
  ou
  citoyenneté des parents
  ou
  démarche définie d'appartenance.

- La relation ou les liens entre les attributs,
  exemple : MÈRE
  position du fils par rapport au caractère de cette personne,
  position du père.

La définition fournie à l'élève doit lui permettre d'établir le type de combinaison des caractéristiques qu'il devra faire et les caractéristiques qu'il devra essentiellement retrouver.

Le tableau, le schéma, etc.

Assez souvent, l'exposé descriptif s'appuie sur une structure d'organisation des informations. Selon la réalité abordée, il s'agira d'un schéma, d'un réseau ou d'un tableau qui mettra en évidence cette structure. Ces types d'illustrations servent au rangement méthodique des informations données, de façon à créer un lien entre elles, perceptible d'un seul coup d'œil.

L'immense diversité d'outils de ce genre utilisés par les enseignantes et les enseignants qui font des exposés descriptifs ne nous permet pas de les étudier ici. Cependant, il convient de souligner l'utilité de regrouper, sous une forme appropriée, les informations essentielles qui permettent d'identifier la réalité étudiée.

L'interprétation

Il arrive assez fréquemment que les exposés des professeurs soient conçus de façon à amener l'élève à interpréter des observations ou à clarifier un problème. Il s'agit alors de guider sa réflexion, son processus de pensée, de façon à lui permettre de donner une signification aux réalités connues. Ici, aider à comprendre signifie fournir les informations qui permettent à l'élève de faire des inférences. Il s'agit donc de faire faire à l'élève les opérations intellectuelles qui lui permettront d'interpréter la réalité en lui attribuant une signification issue de la mise en relation de diverses informations.

Ici encore, les techniques cognitives utilisées sont nombreuses. En voici quelques-unes :

Les questions

Très souvent les questions des professeurs s'en tiennent au niveau descriptif de la réalité: Combien ? Quoi ? Qui ? Qu'est-ce que ? Par contre, les questions peuvent être utilisées de façon à requérir un effort de pensée de la part des élèves : Qu'est-ce qui arriverait si...? D'après vous, comment peut-on associer ces deux phénomènes ? De quelle autre manière pourrait-on résoudre ce problème ? C'est ce dernier type de questions qui caractérise l'exposé d'interprétation.

La présence de questions dans un exposé peut paraître inadéquate. Pourtant, cela permet aux élèves d'être aussi sensibles à la réflexion qu'aux réponses toutes faites.

Le paradoxe

Le paradoxe, lui, présente des réalités contraires afin de faire ressortir, de leur opposition, l'intérêt de leur étude. Par exemple, un professeur de sciences sociales peut placer ses élèves face au problème de la pauvreté dans un monde d'abondance afin d'entreprendre l'étude du développement économique et de l'exclusion de certaines composantes sociales. De même, un professeur de science peut présenter l'interprétation populaire d'un phénomène en opposition à son interprétation scientifique.

Le paradoxe sensibilise les élèves aux divergences de perception et d'interprétation de la réalité. Il stimule l'intérêt pour la réflexion et l'étude, surtout si l'élève, au terme de l'étude qui sera faite, est appelé à prendre position face au paradoxe.

Les comparaisons

En présentant, par exemple, une série de définitions possibles d'un problème et en les comparant sur la base de leurs implications et de leurs conséquences, on donne aux élèves la possibilité de comprendre l'importance de la réflexion. En mettant en relation nos perceptions et nos interprétations théoriques, les élèves peuvent apprendre la relativité des modèles qu'ils élaborent ou qui leur sont proposés.

Faire des choix éclairés, s'interroger sur sa propre interprétation des choses, comparer son point de vue à celui de quelqu'un d'autre sont autant d'activités intellectuelles qui peuvent être éveillées par l'exposé d'un professeur.

Les modèles

Afin de stimuler l'interprétation, il est parfois utile de présenter comment un expert a abordé tel problème, réalisé telle œuvre, proposé telle solution. L'aspect historique permet la présentation, au cours d'un exposé, de diverses façons d'interpréter la réalité et de justifier les choix d'aujourd'hui.

L'explication

Enfin, les exposés des enseignantes et des enseignants ne font pas que décrire la réalité ou l'interpréter, ils permettent aussi de présenter « pourquoi » les choses sont ainsi. Alors, les exposés fournissent les généralisations, les valeurs, les principes qui permettent non seulement de comprendre, mais également de prédire la réalité. Ils font, dans ce cas, intervenir la notion de cause et les informations fournies servent à établir les liens entre les conditions et les opérations qui entraînent une conséquence prévisible.

Les possibles et les probables

Dans leurs exposés, les professeurs peuvent guider les élèves dans leur choix parmi diverses hypothèses. Ainsi, ils les amènent à découvrir la différence entre les suppositions spontanées et les hypothèses réfléchies.

Lors d'explications, il importe d'établir les liens entre les conditions rencontrées, les événements et les conséquences et de dégager un principe qui permet d'identifier le résultat probable et non seulement un résultat possible.

L'intuition et la vérification scientifique

Avant de présenter une explication scientifique, il est parfois utile de laisser s'exprimer l'intuition, de présenter comment, à première vue, on serait porté à expliquer les choses.

L'exposé peut également montrer comment les erreurs, les fautes, les imprécisions, les accidents peuvent contribuer au processus de connaissance. Ne devons-nous pas la découverte de l'Amérique à un navigateur parti pour la Chine ? Après tout, plusieurs événements malheureux ont déjà tourné au succès puisqu'ils ont donné l'occasion de faire des apprentissages. Les premiers essais infructueux de l'homme pour voler ou ses tentatives pour transformer la matière en or ont permis le développement de l'aéronautique et de la chimie. Les exposés peuvent montrer que sur la base d'une intuition, grâce à une série d'efforts, même infructueux, on peut arriver à l'établissement de principes et de lois qui peuvent être soumis à la vérification scientifique.

Les capacités développées

Le survol rapide des trois niveaux d'exposés utilisés dans l'enseignement remet en question une vision de l'apprentissage comme une simple question de réaction à la présentation d'informations. Ici, l'apprentissage est présenté comme l'acquisition des capacités nécessaires à la pensée. Sur la base des connaissances antérieures, l'exposé consiste à ajouter les informations nécessaires à la compréhension d'une réalité, d'une idée ou de la résolution d'un problème.

Nous avons donc pu constater que les exposés servent à ajouter des données factuelles (des informations) dans la mémoire des élèves, à construire des concepts (des règles de classement) ou à faire naître des principes (des rapports entre des conditions, des actions et des résultats). Les opérations intellectuelles nécessaires à ces trois niveaux de connaissance sont différentes dans chacun des cas.

Ce n'est pas par l'ajout continuel d'informations factuelles, purement descriptives, que la pensée se développe. C'est pourquoi il importe de vérifier si nos exposés favorisent les trois niveaux de compréhension présentés ou s'ils sont trop exclusivement descriptifs. S'ils sont la plupart du temps descriptifs, sont-ils de qualité, présentent-ils aux élèves les informations nécessaires à la construction des concepts ?

Conclusion

Notre formation, comme élèves, nous a habilités à construire nos présentations comme des résumés des connaissances rencontrées au cours de nos lectures. Cette habileté nécessaire dans le contexte de la présentation de nos connaissances à un professeur peut nous nuire dans le contexte de l'enseignement. L'élève qui est en apprentissage a besoin d'un ensemble déterminé d'informations selon le niveau de compréhension qu'il a besoin d'atteindre.

Assez fréquemment, la nature de nos exposés n'est malheureusement pas déterminée par les besoins de l'élève. Nous n'avons pas été formés à développer les capacités de la pensée des personnes à qui nous nous adressons ; cela n'était pas nécessaire lorsque nous avions à présenter nos connaissances à nos professeurs.

L'idée que l'enseignement peut modifier la pensée des élèves, leur intelligence et l'idée que la pensée procède à divers niveaux (données factuelles, concepts, principes) animent la recherche pédagogique actuelle. Chacun de nous, dans sa pratique de l'enseignement, peut identifier le niveau de pensée que permettent d'atteindre ses exposés. Trop souvent, nous considérons comme critère de qualité le niveau que notre propre préparation a exigé de nous.

Construire des exposés pour les élèves, organiser les informations en fonction des capacités à développer, procéder par complexité croissante, voilà des habiletés que la profession enseignante nous permet de développer. Chacun réussit plus ou moins bien à le faire ; la mise en commun de nos expériences ne peut que contribuer à la poursuite de notre perfectionnement.

Sixième postulat : Les élèves ont-ils vraiment besoin des professeurs ?

Un professeur qui préparerait et donnerait ses cours comme un lecteur de journal télévisé justifierait sans doute sa façon de faire par une certaine compréhension de l'apprentissage. Organiser l'enseignement comme la simple exposition du savoir d'un adulte (présumé savant) à des élèves (présumés ignorants) suppose qu'on comprenne l'apprentissage comme une activité passive ne nécessitant pas de la part de la personne qui apprend autre chose que la perception sensorielle. Pour qu'il en soit ainsi, il faut présumer que les individus sont dotés d'un mécanisme automatique (appelé parfois « intelligence ») permettant le choix des capacités intellectuelles nécessaires à la compréhension et le développement de celles-ci au besoin. On croit qu'un élève est capable de diriger lui-même sa compréhension : qu'il peut réaliser par lui-même qu'il ne comprend pas, déterminer ce qui fait défaut à sa compréhension et profiter de nos exposés pour y remédier.

À bien y penser, dans le contexte d'une telle conception de l'apprentissage, l'enseignement n'a pas vraiment de fonction spécifique indispensable. En effet, s'il s'agissait seulement pour les enseignantes et les enseignants de communiquer des informations structurées, le « transmetteur » pourrait facilement être remplacé par tout autre support du savoir : livre, télévision, diaporama, musée, conférence, etc. Or, l'étude de l'enseignement, à la lumière des nouvelles conceptions de l'apprentissage, montre que les professeurs qui font vraiment apprendre ne sont pas de simples communicateurs de leur savoir : ils dirigent le développement des capacités intellectuelles de leurs élèves.

On a cru pendant longtemps que l'intelligence était assez peu modifiable soit par l'école, soit par les exercices de l'individu en vue de contrôler son propre apprentissage (Jensen, 1969). Aussi, l'apprentissage était-il conçu comme l'utilisation passive de capacités déterminées une fois pour toutes.

Aujourd'hui, on considère que savoir n'est pas retenir temporairement des informations pour les « régurgiter » sur demande, mais plutôt faire référence à des modèles cognitifs permettant d'interpréter des réalités complexes. C'est aussi utiliser ces modèles pour créer de nouvelles organisations nécessaires à la résolution de problèmes ou à la clarification de nouvelles situations. On ne peut plus alors concevoir l'apprentissage comme la simple mémorisation machinale de chaînes verbales ou d'informations préstructurées. L'apprentissage apparaît comme l'utilisation de connaissances nouvelles (faits ou méthodes) et de stratégies spécifiques pour comprendre différemment des idées ou des problèmes. Apprendre, c'est donc acquérir des capacités intellectuelles permettant de PENSER DIFFÉREMMENT. C'est une activité qui engage les élèves et qui exige que l'enseignement soit organisé en fonction des capacités à acquérir.

Voyons donc plus en détail ce qu'est l'apprentissage, de façon à mettre en évidence le rôle de l'enseignement dans ce processus.

Le processus d'apprentissage

Tout professeur se fait une idée de la façon dont les élèves apprennent ; la recherche actuelle porte à croire que cette idée influence grandement ce qui est enseigné en classe et comment cela est enseigné. Afin d'évaluer si les exposés suffisent pour que les élèves fassent des apprentissages complets, nous allons chercher à décrire ce que l'on entend par apprentissage. Nous ferons cette description à partir d'une série d'énoncés tirés du livre *Strategic Teaching and Learning* (Jones *et al.*, 1987).

Apprendre, c'est poursuivre un but

On reconnaît aujourd'hui assez unanimement, chez les professeurs et chez les chercheurs, que l'apprentissage est une activité guidée par des buts (Resnick, 1984). On sait que les apprenants efficaces cherchent essentiellement à atteindre deux buts : comprendre la signification des tâches qu'on leur demande d'accomplir et contrôler leur propre processus d'apprentissage. Pour que les élèves s'engagent effectivement dans l'apprentissage, ils doivent avoir le sentiment d'« utilité », pour eux-mêmes, du savoir proposé. Il est typiquement humain de chercher à donner une signification, à interpréter, à comprendre ce qui arrive. À partir de ce qu'on leur donne à faire à l'école, les élèves se construisent une compréhension de ce que l'on attend d'eux. Des élèves à qui on demande constamment de répéter ceci ou cela, par exemple, finissent par comprendre qu'on s'attend qu'ils reproduisent les énoncés du professeur plutôt que d'interpréter ces énoncés et de les utiliser dans diverses situations.

Par l'enseignement, on instruit et en même temps on éduque, c'est-à-dire qu'on façonne la personnalité de l'élève. Dans le choix des connaissances à transmettre, dans la façon d'enseigner, il y a un « curriculum caché » (Richer, 1981) qui fait apprendre ce que c'est que d'apprendre. Quel but l'élève donne-t-il à ce que je lui demande de faire en classe ? L'élève comprend-il que je lui demande d'arriver à expliquer CE QU'EST la réalité (connaissance déclarative), COMMENT on arrive à une telle explication (connaissance procédurale) ou QUAND cette explication est utile (connaissance conditionnelle) ? Ou l'élève comprend-il qu'on sait déjà en quoi consiste la réalité et qu'il suffit de répéter l'explication toute faite que je lui communique ? Selon lui, à quoi servent les travaux que je lui demande : à obtenir la note de passage ou à développer ses capacités ?

Lorsqu'on croit que l'enseignement n'influence pas vraiment le développement de l'intelligence des élèves, qu'il ne peut y avoir de développement de l'intelligence initiale, lorsqu'on ne conçoit pas que l'apprentissage est déterminé par les nouvelles capacités intellectuelles à faire acquérir aux élèves, lorsqu'on ne croit pas qu'il existe des méthodes d'enseignement qui permettent effectivement d'amener des élèves ayant des difficultés d'apprentissage à améliorer leurs capacités et leurs performances, il est difficile d'exprimer aux élèves l'idée que le but que nous poursuivons, ensemble, est de développer leur capacité de penser d'une nouvelle manière dans les divers domaines du savoir.

Apprendre, c'est intégrer de nouvelles informations à sa connaissance antérieure

Il y a une cinquantaine d'années, Bachelard déplorait que les professeurs « ne comprennent pas qu'on ne comprenne pas ». Pourtant, ils savent bien que la compréhension n'est pas un phénomène instantané, même s'ils souhaiteraient que ce soit le cas.

Des progrès remarquables ont été faits depuis pour expliquer les difficultés de la compréhension des élèves. Avant de suivre un cours, l'esprit des élèves n'est pas une « table rase », un tableau vide sur lequel les professeurs auraient toute liberté d'inscrire la vraie connaissance. En fait, les élèves se font déjà une idée, une conception de la réalité qui sera enseignée en classe. Ces façons d'aborder la réalité ne s'effacent pas instantanément à l'écoute du professeur.

En réalité, les élèves abordent les tâches scolaires (écoute, lecture, observation, etc.) à l'aide de leurs anciennes conceptions (Duffy et Roehler, 1986) et ces conceptions initiales persistent souvent malgré les activités scolaires (Giordan et De Vecchi, 1987).

Les élèves interprètent d'abord les événements à l'aide de leurs structures mentales existantes et cette interprétation n'est probablement pas celle à laquelle veut les conduire le professeur. En effet, ces structures sont, la plupart du temps, fonctionnelles, suffisantes à la survie dans un contexte familier. Par contre, les structures que désire voir apparaître un professeur sont des structures plus complètes, plus complexes aussi, permettant une activité qui arrive à influencer ces réalités. Les élèves comprennent donc toujours quelque chose et cette compréhension les satisfait habituellement ; le problème est qu'ils ne comprennent pas de la façon attendue. Le rôle de l'enseignement consiste à faire passer des conceptions fonctionnelles aux concepts scientifiques et, au cœur de l'enseignement, se trouve une relation, un cycle d'échanges entre le professeur et ses élèves. Cette interaction est nécessaire et doit se poursuivre jusqu'à ce que les élèves aient acquis les nouvelles structures cognitives indispensables à la compréhension visée.

Il n'est pas surprenant qu'il soit difficile pour les élèves d'intégrer les nouvelles informations à leur connaissance antérieure. Plusieurs facteurs influencent cette capacité. D'abord, les élèves ont de la difficulté à activer la connaissance antérieure la plus appropriée lorsque l'information présentée est obscure, en désordre ou insignifiante (Bransford et Johnson, 1972). D'autres facteurs sont liés aux caractéristiques des élèves : l'absence d'informations suffisantes dans un domaine donné (Resnick, 1984) et la piètre qualité de l'organisation des informations mémorisées rendant celles-ci difficilement accessibles, notamment à cause de l'absence de liens entre les informations et les méthodes d'application. Donc, pour arriver à comprendre quelque chose de nouveau, il faut avoir des connaissances suffisantes dans ce domaine, proportionnellement au niveau de difficulté de l'information nouvelle et, de plus, il faut être capable d'avoir accès à ce qu'on a mémorisé. Cet accès dépend des opérations d'apprentissage des élèves : l'organisation des informations et les stratégies de recherche des informations. On peut se demander si l'enseignement, tel qu'il est exercé, encourage l'exercice de ces opérations d'apprentissage.

Apprendre, c'est organiser sa connaissance

On remarque que les élèves qui réussissent le mieux arrivent à dégager une interprétation et à imposer une organisation aux présentations peu structurées ; ceci n'est pas le cas pour les élèves les plus faibles. Ces derniers tirent très peu profit d'informations désorganisées et on sait qu'on arrive à améliorer leur performance en organisant bien les informations qui leur sont transmises. On sait également que les spécialistes dans un domaine possèdent des connaissances que les autres n'ont pas ; leurs structures de connaissances sont aussi mieux organisées et mieux intégrées. Ainsi, lorsqu'on demande à un novice de décrire, sous forme de réseau, ce qu'il sait d'un sujet donné, on obtient une suite additive de concepts, alors que si on demande la même information à un spécialiste, on obtient des structures d'organisation complexes où plusieurs éléments sont reliés entre eux. De plus, lorsqu'on demande aux experts de refaire l'opération après avoir appris quelque chose, ils restructurent le réseau pour intégrer la nouvelle information, de façon à modifier certains concepts et à établir de nouveaux liens. Au contraire, dans la même situation, les novices ajoutent tout simplement la nouvelle information à la structure existante de façon à prolonger une suite sans lien avec d'autres éléments.

Les structures d'organisation des idées ou des informations sont internes, bien sûr ; cependant, on sait que de telles structures se manifestent dans la présentation de données. Aussi, on s'intéresse beaucoup à l'enseignement de la construction des représentations graphiques par les élèves (Jones *et al.*, 1988). D'ailleurs, la documentation pédagogique s'enrichit présentement d'études sur les effets et les fonctions de l'utilisation de tableaux, de graphiques, de réseaux et d'organigrammes sur la compréhension et le rappel des informations apprises.

Apprendre, c'est développer des stratégies

L'activité mentale dans le traitement des informations requiert la présence d'habiletés et de stratégies. Les habiletés sont des activités procédurales qui peuvent être utilisées dans l'accomplissement de tâches spécifiques d'apprentissage ; résumer, structurer, décrire et prédire sont des exemples d'habiletés. Les stratégies, elles, sont des méthodes particulières ou des façons d'exécuter les différentes habiletés, comme par exemple, l'application d'un ensemble de règles spécifiques pour faire un résumé. Habiletés et stratégies sont donc intimement liées.

Devenir conscients de l'usage que nous faisons d'habiletés et de stratégies données et arriver à contrôler ses efforts pour les utiliser semblent liés à la réussite de nos apprentissages les plus complexes. Il ne s'agirait donc pas seulement de connaître des stratégies cognitives spécifiques, mais également de savoir comment et quand les utiliser pour arriver efficacement aux résultats visés. Ceci signifie qu'il faut pouvoir reconnaître que notre compréhension n'est pas tout à fait juste, choisir les stratégies appropriées pour remédier à la situation et évaluer le résultat obtenu à partir d'une estimation de ce qui serait admissible. Ceci suppose également que nous accordions assez d'importance à la tâche pour persévérer dans nos tentatives de l'accomplir et que nous attribuions nos succès à nos efforts. Ce sont là quelques aspects de la métacognition, c'est-à-dire la connaissance qu'il faut avoir de notre propre fonctionnement en situation d'apprentissage pour arriver à le contrôler.

On est aujourd'hui convaincu qu'on peut modifier de façon marquée la conduite des élèves, y compris ceux qui sont en difficulté, à l'aide d'un enseignement qui fait acquérir explicitement des stratégies et qui fournit un contexte d'apprentissage permettant l'utilisation et le transfert de ces stratégies. On s'entend également pour dire que l'élève apprend mieux lorsque les professeurs dirigent l'acquisition des habiletés en mettant l'accent sur la démonstration et l'exercice supervisé et lorsque l'élève acquiert de plus en plus d'autonomie en se voyant confier un apprentissage à faire par lui-même.

Apprendre, c'est procéder par phases, mais de façon récurrente

L'apprentissage ne se produit pas tout d'un coup, il procède par étapes. Essentiellement, l'apprentissage se fait en trois phases : l'activation de la pensée, le traitement des informations et la synchronisation des connaissances (*tuning*).

Au départ, l'apprenant prépare l'apprentissage en activant ses connaissances antérieures. En faisant le survol d'une question ou d'un problème, il passe également en revue ses connaissances sur le sujet. Il s'agit alors de centrer son attention sur ce dont il sera question et de choisir les stratégies appropriées pour aborder le sujet à l'étude.

Ensuite, l'apprenant s'engage dans la phase du traitement des informations ; il s'agit pour lui de s'approprier des informations nouvelles à l'aide des structures cognitives qu'il vient d'activer. Ceci se fait dans un mouvement de va-et-vient continuel où diverses habiletés sont utilisées : le questionnement, la vérification, la clarification, l'anticipation, le choix d'informations, le résumé de ce qui est important et la comparaison avec des connaissances antérieures. Ici, rien n'est définitif : le processus se met en marche, s'arrête, reprend, etc.

Enfin, dans la phase de synchronisation, il faut concilier informations nouvelles et connaissances antérieures : résoudre les contradictions, choisir entre les conceptions spontanées basées sur l'intuition ou sur une observation incomplète et les conceptions scientifiques nouvellement organisées, consolider les nouveaux acquis en vérifiant l'étendue de leur utilité, réorganiser sa connaissance du sujet en fonction des nouvelles capacités acquises et associer connaissances et habiletés.

Tout ceci ne se produit pas de façon linéaire, mais par des retours en arrière, des reprises du processus. Ceci explique pourquoi il est impensable de concevoir l'enseignement comme le traitement une fois pour toutes de sujets qui ne seraient plus repris dans le programme.

Apprendre, c'est poursuivre un développement

La recherche actuelle tend à démontrer que ce qui distingue les élèves les plus jeunes des élèves plus âgés, les élèves faibles des élèves qui réussissent mieux, les novices des spécialistes, c'est la différence dans les connaissances de départ, la maîtrise du vocabulaire, le répertoire des stratégies cognitives et métacognitives et la présence d'automatismes. Tout apprentissage se fait à l'aide des capacités déjà présentes. Tout apprentissage n'est donc pas possible indépendamment des capacités déjà acquises. Par contre, tout nouvel apprentissage contribue à faciliter ceux qui viendront. C'est pourquoi, comme le prétend Ausubel, il semble que le meilleur élément de prédiction de la capacité d'apprendre soit ce qu'on a déjà appris.

Depuis quelques années, on tente d'organiser l'enseignement sur la base des différences qui existent entre les élèves. Cela est-il possible ? Ne vaudrait-il pas mieux accepter qu'un enseignement collectif est possible à la condition qu'il soit organisé en fonction des capacités antérieurement développées chez l'ensemble des élèves ? Comment l'enseignement tient-il compte actuellement du développement des élèves auxquels il s'adresse ? Connaissons-nous quelles capacités le programme antérieur a réussi à développer chez les élèves ?

La fonction de l'enseignement

Ce que nous savons de l'apprentissage nous amène à le concevoir comme un ensemble d'opérations liées à la pensée. L'élève peut-il guider lui-même son apprentissage ? Pas au début ; il ne peut déterminer par lui-même les capacités qui font défaut à sa pensée. C'est progressivement que l'enseignement lui permet de développer des capacités de métacognition, de réflexion sur ses opérations de pensée. Pour arriver à préférer l'usage de concepts scientifiques à l'usage de conceptions fonctionnelles, il faut avoir été dans une situation d'interaction où l'activité intellectuelle a nécessité l'adoption de ces outils de pensée. L'enseignement est l'établissement de cette relation pédagogique où l'activité intellectuelle s'enrichit progressivement grâce à l'ajout de nouvelles capacités.

Nos outils de pensée sont des inventions humaines ; ils ne peuvent être acquis que par une « communication » humaine. Comme l'exprime le titre du livre *Comment la Terre devint ronde* (Maury, 1989), nos représentations du monde et nos opérations intellectuelles sont le résultat de longs efforts. L'enseignement est l'activité qui permet aux membres d'une société de s'approprier les capacités qui permettent de tels développements. Laissés à eux-mêmes, les individus ne pourraient pas atteindre les mêmes niveaux de développement.

Mettre en marche le processus de pensée

Il est nécessaire de pouvoir décrire, avec le plus de précision possible, la connaissance initiale des élèves auxquels s'adresse un cours et les caractéristiques nouvelles à faire acquérir. Pour cela, il faut répondre à des questions comme celles-ci :

- Quelle idée les élèves se font-ils de la matière enseignée ?
- Comment s'y prennent-ils pour résoudre tel type de problème ?
- Sont-ils conscients de leur façon de procéder ?
- Quelles capacités le programme d'études leur a-t-il permis d'acquérir jusqu'ici ?
- Comment faire en sorte qu'ils s'intéressent à l'acquisition des nouvelles capacités visées ?

Assurer la médiation entre l'élève et le savoir

Si un seul mot devait décrire l'enseignement, ce serait INTERACTION. Comme nous l'avons vu, l'apprentissage est une activité complexe qui ne procède pas de façon linéaire ; il y a trois phases essentielles à respecter : activer la pensée, traiter des informations nouvelles et assurer la synchronisation des connaissances. Chacune de ces phases nécessite une interaction avec l'élève.

Ici encore, il faut répondre à de nombreuses questions. Prenons-les suivant les différentes phases de l'apprentissage.

L'activation de la pensée sur un sujet d'étude

- À quel champ d'intérêt des élèves se rattache l'apprentissage à faire ?
- L'objectif poursuivi par la réalisation des tâches proposées est-il compris ?
- Les élèves sont-ils conscients des critères de réussite de l'apprentissage en cours ?
- Quels outils permettent aux élèves d'identifier les éléments sur lesquels ils doivent concentrer leur attention ?
- À quelles connaissances déjà acquises par les élèves l'apprentissage se relie-t-il ?
- Comment les élèves sont-ils amenés à se poser des questions ou à émettre des hypothèses qui soutiendront l'intérêt au cours de la démarche d'apprentissage ?

Le traitement des nouvelles informations

- Au cours de la présentation, les élèves ont-ils l'occasion de vérifier ou de questionner leur compréhension ?
- Examine-t-on les arguments logiques ou ne présente-t-on que les conclusions ?
- Comment les élèves sont-ils amenés à choisir les concepts les plus importants, à faire des liens, à organiser leurs idées ?
- Dans quelles circonstances les élèves peuvent-ils évaluer la qualité relative de leurs idées, les comparer à d'autres, faire des choix ?

La synchronisation des connaissances

- Est-ce que le cours va assez loin pour permettre aux élèves d'utiliser les nouvelles capacités acquises dans l'accomplissement de certains travaux ?
- À quelle occasion les élèves peuvent-ils faire la synthèse de ce qu'ils ont appris ?
- Comment les élèves peuvent-ils prendre conscience de leur façon de traiter des questions ou des problèmes ?
- Ont-ils fait assez d'exercices d'application diversifiés pour juger de l'utilité des capacités acquises ?

Comme l'illustrent ces questions, le processus d'apprentissage est complexe. Le savoir professionnel des enseignantes et des enseignants devrait leur permettre non seulement d'organiser les phases de l'apprentissage, mais également de prévoir la réaction des élèves face aux nouveaux apprentissages et d'identifier les difficultés qu'ils rencontreront éventuellement. Ainsi, les enseignantes et les enseignants développeront des stratégies qui facilitent l'interaction pédagogique.

Maintenir la relation pédagogique

Seule la persévérance de l'enseignante ou de l'enseignant peut venir à bout de la satisfaction normale qu'a l'élève de ses capacités. La fragmentation actuelle des programmes d'études et des emplois du temps ne facilite pas la poursuite des cheminements longs qui caractérisent les apprentissages d'ordre supérieur. Pourtant, le temps pédagogique ne peut pas être égal au temps organisationnel. C'est là un problème auquel il faudrait réfléchir. Comment maintenir la relation pédagogique jusqu'à ce que les nouvelles capacités aient été acquises dans le contexte actuel des cours minutés et des programmes éclatés ?

Évaluer la qualité des apprentissages

On comprend aujourd'hui que l'évaluation des apprentissages fait partie intégrante de l'enseignement. C'est le moyen indispensable à la prise de décisions par l'enseignante ou l'enseignant en ce qui concerne la poursuite de sa relation pédagogique. On constate, cependant, que des résultats positifs à l'évaluation, telle qu'elle est pratiquée actuellement, peuvent être trompeurs. Plusieurs études en ce sens démontrent que des élèves ayant bien réussi des cours de sciences n'ont pas pour autant développé l'esprit scientifique et les capacités que cela suppose. On peut toujours obtenir de bons résultats en mesurant l'habileté la plus simple : la mémorisation machinale de données. Une évaluation axée sur la présence des diverses capacités intellectuelles ne pourrait-elle pas nous être d'une plus grande utilité? En fournissant des indices sur le fonctionnement de l'intelligence des élèves, elle nous permettrait de mieux intervenir, de travailler à l'ajout des capacités manquantes.

Conclusion

L'enseignement pourrait être l'exposé structuré de nos propres connaissances si les élèves disposaient déjà de toutes les capacités nécessaires à l'apprentissage. Or, si les élèves sont capables de conduire leur propre compréhension à l'aide des capacités intellectuelles qu'ils possèdent déjà, ils ne sont pas initialement capables de conduire le processus d'acquisition de nouvelles capacités qui leur permettraient de comprendre différemment. C'est une des fonctions de l'enseignement que de les aider à développer ces nouvelles capacités.

Les élèves ont vraiment besoin des professeurs .

Septième postulat : Suffit-il de permettre aux élèves de s'exprimer pour qu'ils le fassent ?

Un professeur qui confond enseignement et exposé n'y voit habituellement pas d'inconvénient étant donné qu'il suppose, entre autres, que les élèves le diront s'ils ne comprennent pas, qu'ils poseront les questions de clarification nécessaires. C'est souvent même une responsabilité qu'il leur attribue entièrement. Non seulement celle-là mais aussi, de façon souvent implicite, celle, plus globale, de diriger leur apprentissage. Plusieurs professeurs s'attendent à ce que les élèves trouvent ce qui manque à leur compréhension, qu'ils prennent les moyens pour l'obtenir (par des questions ou par l'étude), qu'ils découvrent les habiletés qui demandent de l'exercice, qu'ils s'organisent des sessions d'exercices, qu'ils se corrigent, etc. S'attendre à ce que les élèves posent des questions signifie bien souvent s'attendre à leur autonomie complète dans l'apprentissage.

Si l'on s'en tient au simple fait de poser des questions, on suppose que les élèves ont assez d'assurance pour intervenir dès qu'ils ne comprennent pas et qu'ils savent poser efficacement leurs questions afin d'aller chercher les informations exactes qui leur manquent. Tout naturellement, on se demande bien quel risque pourrait courir un élève qui avouerait tout simplement qu'il ne comprend pas. On se dit que la terreur n'est plus ce qui caractérise la relation pédagogique : le caractère d'autorité qui interdisait d'exprimer la moindre ignorance, la plus petite question, une simple hésitation, la plus petite imprécision n'est-il pas disparu depuis longtemps ?

Le fait de croire qu'il suffit de donner la permission aux élèves de s'exprimer nous empêche souvent de voir comment la situation répétée de l'exposé recrée la situation d'autorité où tout dépend du maître. Cela suffit à réduire considérablement l'initiative et la responsabilité des élèves et à maintenir l'autonomie à un stade de sous-développement.

On constate que, en règle générale, peu nombreux sont les élèves qui s'expriment de façon spontanée lorsqu'ils sont soumis à des exposés pour l'essentiel de leur apprentissage. Ils savent bien qu'ils peuvent toujours poser des questions lorsqu'ils ne comprennent pas. Par contre, face à un professeur qui « donne sa matière », ils préfèrent le « laisser aller ».

Pourquoi, malgré la liberté qu'il semble permettre, l'exposé magistral suscite-t-il en fait, bien souvent, le désengagement des élèves ? Pourquoi les élèves ne prennent-ils pas la responsabilité de poser des questions et, de façon plus large, de diriger leur apprentissage ?

La perception de la responsabilité

Du point de vue des professeurs, tout a bien changé: l'apprentissage est conçu de façon dynamique, l'élève est appelé à être actif, le fonctionnement démocratique caractérise l'école, le professeur se présente comme quelqu'un qui aide à l'apprentissage, etc. Pourtant, malgré ces changements, « Beaucoup vivent leur condition d'élève comme une violence que leur fait la société et dont les professeurs sont l'instrument » (Prost, 1985). Alors que les professeurs perçoivent positivement la relation pédagogique et s'attendent à la collaboration des élèves, ils font souvent face à des classes désespérantes qui ne s'attendent pas à apprendre des matières utiles ni intéressantes.

Il semble que l'analyse que nous faisons des situations que nous rencontrons fréquemment dépend de la perception que nous en avons et non des situations elles-mêmes. Ce sont nos perceptions qui détermineraient nos attentes, notre sentiment de capacité ou d'incapacité à influencer ce qui se passe, notre motivation à fournir ou non des efforts, l'image que nous avons de nous-mêmes, etc. C'est du moins ce que croient les théoriciens de l'attribution qui cherchent à comprendre l'engagement ou le désengagement des individus dans diverses situations.

Si nous nous replaçons dans la situation de l'apprentissage, nous reconnaîtrons que, pour qu'un individu assume sa responsabilité, il doit croire qu'il peut y faire quelque chose, qu'il a le pouvoir d'influencer le résultat de l'opération, qu'il contrôle un tant soit peu ses chances de succès. Or, selon Frieze (1976), nous attribuons généralement, dans notre culture, notre succès ou notre échec à quatre causes différentes :

- les qualités que nous possédons de façon innée ;
- l'effort que nous consentons à la tâche ;
- le degré de difficulté des tâches à accomplir ;
- la chance que nous avons.

Ce système d'attribution des causes de réussite ou d'échec permettrait d'expliquer des attitudes persistantes dans des situations familières.

En 1979, Weiner a trouvé trois variables qui conduiraient à déterminer quelle cause nous retenons pour expliquer nos succès ou nos échecs : la localisation de la cause, la stabilité reconnue de la cause et le degré de contrôlabilité de cette cause. Cherchons à comprendre le manque de motivation que nous attribuons parfois aux élèves pour expliquer leur manque d'intérêt et d'engagement en combinant les causes et les divers modes d'attribution de la responsabilité du succès ou de l'échec.

La localisation de la cause

Où est-ce que je perçois la cause de ma réussite ou de mon échec ? En moi ou à l'extérieur de moi ?

Si je situe la cause de mes performances en moi, je pourrai faire référence à deux causes différentes : mes dons ou mes efforts. Par contre, si je localise cette cause à l'extérieur de moi, je ferai référence soit à la difficulté de la tâche, soit à la chance ou à la malchance.

Situer la cause de son succès ou de son échec en soi, c'est se reconnaître un rôle actif dans ce qui nous arrive. S'attribuer la responsabilité du succès suscite la satisfaction de soi, alors que s'attribuer celle de l'échec provoque la honte (lorsqu'on croit en un manque de capacités) ou la culpabilité (lorsqu'on croit en un manque d'effort) (Wong et Weiner, 1981). Comme on le voit, c'est la localisation de la cause de ce qui nous arrive qui détermine nos sentiments de satisfaction, de honte ou de culpabilité.

Évidemment, afin de sauvegarder l'image de soi, on a tendance à s'attribuer le succès en l'expliquant par notre habileté et nos efforts, et à attribuer l'échec aux autres en l'expliquant par la difficulté de la tâche imposée ou par la malchance qui nous est arrivée.

Les élèves n'échappent pas à cette règle. Ils ont tendance à expliquer leur succès par leurs efforts ou leurs qualités, et leurs échecs, par la difficulté des travaux donnés par le professeur ou la malchance, par exemple, d'être tombés sur une question qu'ils n'avaient pas étudiée.

La localisation de la cause détermine si elle est hors contrôle ou s'il nous appartient d'agir sur elle. Dans le contexte de l'exposé magistral, qu'est-ce qui pourrait porter les élèves à penser que l'apprentissage est sous leur contrôle ? N'est-il pas plus naturel de situer la cause chez celui qui, apparemment, fait tout : le professeur ?

La stabilité de la cause

Certaines causes ont un caractère de stabilité qui assure la permanence des effets observés. Ainsi, les caractéristiques déterminées génétiquement sont inchangeables. Si j'attribue à une telle cause mes difficultés, il est évident que je ne pourrai rien y changer. Si je n'ai pas le « don des langues » ou « la bosse des mathématiques », je n'y peux rien. Il est inutile de m'intéresser à ces matières dans lesquelles je ne réussirai jamais.

Le fait de percevoir ses propres caractéristiques comme stables rend les effets inévitables puisqu'il devient inutile de fournir des efforts. En outre, la difficulté des tâches devient également permanente : ces tâches seront toujours difficiles parce que je n'aurai jamais les qualités qui permettent de les accomplir.

Lorsqu'on attribue le succès ou l'échec à des causes stables, on s'attend à ce que toute nouvelle expérience soit semblable à celles du passé. L'exposé d'aujourd'hui n'a pas de raison d'être plus compréhensible que celui d'hier si la difficulté vient du fait que je n'ai pas ce qu'il faut pour les comprendre. C'est seulement lorsque les causes sont perçues comme instables que les attentes peuvent changer.

Si l'enseignement se résume à l'activité du professeur qui fait des exposés, il devient difficile pour les élèves de percevoir un changement dans leurs capacités et de faire le lien entre ce changement et leur succès. Lorsque les résultats changent, les élèves doivent pouvoir attribuer cela à une autre raison qu'à l'action du professeur.

La contrôlabilité de la cause

La troisième variable qui affecte l'attribution du succès ou de l'échec à une cause, c'est la perception qu'a l'individu de sa capacité d'influencer les résultats qu'il obtient en contrôlant la cause présumée. Or, dans les quatre causes fondamentales, seul l'effort est complètement sous notre contrôle. En effet, c'est nous qui déterminons la quantité d'efforts que nous fournirons pour l'accomplissement d'une tâche donnée. Il nous est impossible de modifier nos caractéristiques innées, le degré de difficulté des tâches données ou, encore moins, notre chance. L'élève n'étudiera que s'il croit que l'étude est le facteur principal qui détermine ses résultats. L'élève qui croit que ses résultats dépendent de la sympathie ou de la bonté du professeur, de la nature de l'examen ou de la chance, a bien peu d'intérêt à étudier. Il importe donc que les élèves aient l'occasion d'établir le lien le plus direct possible entre les efforts qu'ils consentent à l'étude et les résultats qu'ils obtiennent aux examens.

Des études récentes, notamment celles de Vispoel et Austin (1991), montrent que les élèves qui réussissent attribuent plus souvent leur réussite à des causes reliées à ce qu'ils font (habileté, effort, stratégie employée) qu'à des facteurs extérieurs, indépendants de leur activité (chance, professeur, famille). Par contre, les élèves qui échouent attribuent habituellement leur échec plus souvent à des causes extérieures (famille, professeur, difficulté de la tâche) et beaucoup moins souvent à ce qui dépend d'eux (habileté, effort, stratégie). Voici, sous forme de tableau, la fréquence des attributions des deux groupes :

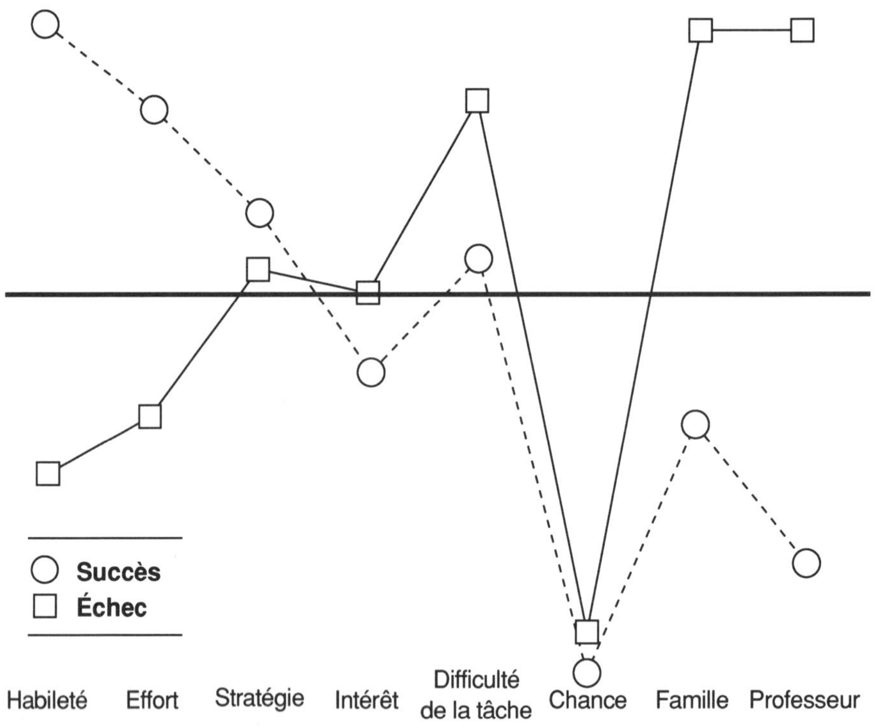

D'après W.P. Vispoel et J.R. Austin, *Children's Attributions for Personal Experiences in English, Math, General Music and Physical Education*, Chicago, AERA, 1991.

Ces études ont également démontré qu'il est difficile et long de modifier le système d'attribution. De plus, cela s'avère beaucoup plus difficile avec les garçons qu'avec les filles.

La recherche sur les personnes qui réussissent bien, que ce soit en mathématiques, en sports, en arts, en sciences ou en affaires, montre que celles-ci fournissent énormément d'efforts (Gardner, 1983; Bloom, 1985). Pour réussir, les élèves doivent percevoir que leur succès dépend de conditions qu'ils peuvent parfaitement contrôler. C'est la perception de la causalité, et non la réalité elle-même, qui importe dans l'orientation de notre conduite. Or, la recherche montre également qu'il existe une différence de perception de la causalité du succès et de l'échec entre les acteurs et les observateurs des événements (Jones et Nisbett, 1972). Les acteurs ont tendance à attribuer l'échec à une cause extérieure ; les observateurs, eux, attribuent plus souvent l'échec à un facteur stable. Dans la situation du cours donné sous forme d'exposé magistral, le professeur est acteur et les élèves sont observateurs. Pour le professeur, ses élèves ne sont pas aptes ou ne travaillent pas suffisamment. Pour les élèves, le professeur demande toujours des travaux trop difficiles pour l'enseignement qu'il a donné. Il est important de tenir compte de ces biais caractéristiques dans l'analyse des causes de succès ou d'échec de l'enseignement.

En résumé, nous croyons que le rendement scolaire est affecté par deux grandes croyances :

- Ce sont les efforts que je consens qui sont la cause de mon succès ou de mon échec.

  Les élèves doivent percevoir que ce qui leur arrive est le résultat de ce qu'ils font ou ne font pas. S'ils sont persuadés que, malgré tous les efforts, ils ne réussiront pas, cela ne peut qu'affecter leur engagement.

  Dans les cours constitués d'exposés magistraux, le professeur est celui qui pose des actions ; il est plus probable qu'on lui attribue la responsabilité du succès ou de l'échec, surtout si le lien entre les exposés et les tâches de l'examen n'est pas évident.

- C'est le contrôle de la cause de mon succès ou de mon échec qui me donne le sentiment de responsabilité.

  Lorsque l'activité d'étude se résume à l'écoute et à la répétition des exposés, il est peu probable que les élèves perçoivent qu'ils peuvent influencer leurs résultats lorsque l'examen porte sur un autre élément que la mémorisation des paroles du professeur.

Ce qui entraîne l'engagement, c'est le sentiment de pouvoir faire quelque chose pour influencer ce qui nous arrive.

Les caractéristiques d'un enseignement favorisant l'engagement des élèves

Comme la théorie de l'attribution telle qu'elle est décrite par Hunter et Barker (1987) nous l'a montré, les élèves ont plus tendance à prendre leurs responsabilités face à l'apprentissage s'ils croient que leur réussite dépend de leurs efforts bien plus que de leur chance, de leur intelligence innée ou de la sympathie des professeurs. Comme nous l'avons vu, cela dépend de la perception qu'ils ont de la situation d'apprentissage, de l'enseignement qu'ils reçoivent. Nous pouvons nous demander maintenant quelles sont les caractéristiques d'un enseignement qui favorise l'engagement des élèves.

Des défis à la mesure des élèves

On sait bien que si l'apprentissage est trop facile ou au contraire impossible, l'effort est inutile. Il importe donc que le professeur détermine exactement le besoin d'apprentissage mais aussi qu'il planifie les étapes de sa réalisation.

Le besoin d'apprentissage se définit comme l'écart entre les capacités actuelles et les capacités souhaitées.

Il faut donc se demander, par exemple, quelle conception les élèves se font de tel phénomène qui apparaît au programme. Il faut décrire ensuite l'écart entre cette conception et le concept scientifique du même phénomène auquel on veut amener les élèves ; ou encore, chercher à déterminer où s'arrête la capacité des élèves à résoudre un problème et préciser l'écart avec l'algorithme de résolution qu'on veut enseigner.

Ce qui est le plus difficile, cependant, c'est de déterminer les étapes d'apprentissage qui vont permettre de combler l'écart mesuré.

L'exactitude de la définition des besoins d'apprentissage détermine la qualité des programmes de formation, alors que la qualité des étapes de l'apprentissage se reflète essentiellement dans la planification de l'enseignement et le design pédagogique.

Pour que les élèves s'engagent dans l'apprentissage, ils doivent aussi percevoir qu'il y a matière à apprentissage (Slavin, 1987). Les études démontrent en effet que pour mobiliser les élèves, il faut qu'il y ait traitement d'une quantité de matière assez importante.

Il importe donc que les défis proposés par l'apprentissage rattaché à un cours soient à la mesure des élèves : « Se mettre à la portée des élèves sans se mettre à leur niveau, tout est là: dans une juste distance pédagogique, qui obligera l'élève à progresser sans lui proposer un objectif inaccessible. » (Prost, 1985). Pour cela, il faut arriver à déterminer les besoins d'apprentissage en prenant connaissance des caractéristiques de la pensée des élèves. Les programmes doivent être faits pour eux. Or, ce n'est pas le cas :

« L'évolution des vingt dernières années est marquée beaucoup moins par un effort d'adaptation des contenus aux élèves, comme certains tentent de nous le faire croire, que par une vague irrésistible de formalisme et d'abstraction. » (Prost, 1985).

Des contenus stimulant la curiosité

Pour que les défis proposés s'adressent vraiment aux élèves, il faut que les objets d'apprentissage leur apparaissent comme valables. Or, pour des jeunes, ce qui est valorisé, c'est ce qui pique la curiosité.

L'enseignement repose sur une tradition. Notre façon d'aborder la connaissance risque de tomber dans la routine. Or, comme le disait Konrad Lorenz, « La connaissance commence par l'émerveillement. ». Ainsi, il n'est pas étonnant que les grandes découvertes aient entraîné la connaissance dans les sciences de la nature basées sur l'observation de la nature. Par contre, aujourd'hui, comment les jeunes vivant majoritairement dans des villes peuvent-ils être émerveillés par l'univers du vivant ? Qu'est-ce qui les fascine, les émerveille ? Ne faudrait-il pas passer par là pour construire la connaissance ?

La curiosité, pour mener à la connaissance, doit être prolongée par le questionnement. Les habitudes de questionnement des professeurs permettent de favoriser l'engagement des élèves.

L'introduction de son propre questionnement dans ses exposés est un premier élément pour éveiller la curiosité. Un deuxième est d'amener progressivement les élèves à formuler leurs questions afin qu'ils découvrent que les cours servent à répondre à des questions qu'ils se posent.

Évidemment, lorsque la préoccupation première du professeur est de couvrir le programme, de transmettre toute sa matière (de lire toutes ses notes ?), cela laisse peu de place aux questions qui semblent ralentir l'atteinte de cet objectif. L'exposé peut donner l'impression que le professeur est au service de la matière plus qu'au service des élèves.

Des comptes à rendre

Assez curieusement, on constate que l'autonomie ne se développe pas dans un milieu où l'indifférence règne. Lorsque l'élève a des comptes à rendre, lorsque ses travaux sont vérifiés, lorsqu'on lui demande de reprendre un devoir insatisfaisant, lorsque des notes sont données, lorsqu'il y a examen du bulletin cumulatif par un adulte significatif (parent, professeur, etc.), l'élève prend conscience qu'il doit réagir, qu'il doit s'engager. Au contraire, un milieu indifférent engendre, chez les élèves, de l'indifférence pour l'étude.

Il importe également que les notes qu'on attribue permettent un suivi réel des progrès par rapport à des apprentissages déterminés. Ici, on voit l'utilité des objectifs pédagogiques et des pratiques d'évaluation formative.

Des liens avec le groupe d'apprentissage

L'engagement est favorisé par l'intégration dans un groupe qui a pour fonction d'apprendre. Le groupe-classe peut jouer ce rôle si le professeur adresse ses questions à chacun, s'il s'intéresse aux façons de penser des élèves, si la classe poursuit des projets. Selon la sociologie des milieux, il faut trouver comment amener l'élève à considérer ses efforts comme utiles au groupe, à percevoir qu'il a un rôle à jouer, que le développement de ses capacités sert à la réalisation d'un projet de groupe.

Pour qu'un tel lien soit possible, il va sans dire que les commentaires du professeur sur les performances ne doivent jamais porter atteinte aux capacités de l'élève. Au contraire, la critique doit porter sur les efforts consentis ou la méthode de travail utilisée. Ainsi, le professeur manifeste à l'élève qu'il a un contrôle sur son succès ou son échec par ses efforts. C'est dans le sens de l'effort qu'il faut l'encourager et lui souligner l'importance que cela peut avoir pour la réalisation du projet du groupe.

Une stratégie de développement de l'autonomie

Les élèves hésitent parfois à poser des questions parce qu'ils craignent de ne pouvoir s'exprimer clairement. La capacité de poser des questions claires et précises contribue à donner de l'assurance. Or, cela ne se développe pas tout seul. Les professeurs peuvent non seulement donner l'occasion de poser des questions, mais également enseigner les règles qui permettent de bien poser ces questions.

L'autonomie et le développement progressif des capacités vont de pair. L'enseignement doit être organisé de façon à exploiter le plus possible les capacités déjà développées.

Conclusion

Donner aux élèves la possibilité de poser des questions ne suffit pas à assurer leur engagement dans l'apprentissage. Pour ce faire, ils doivent percevoir que leur activité est responsable du progrès qu'ils peuvent vérifier.

L'exposé magistral, lorsqu'il constitue l'ensemble de la stratégie d'enseignement, donne l'impression que le succès dépend de ce que fait le professeur, de la qualité de ce qu'il dit, de la quantité des informations qu'il livre, de la facilité des examens qu'il donne. L'élève peut alors difficilement faire le lien entre ce qu'il fait et les résultats qu'il obtient. Afin de changer cette perception, le professeur doit mettre au point une stratégie d'enseignement qui engage l'élève dans le questionnement, qui permet le développement des habiletés nécessaires à la formulation efficace des questions, qui donne l'occasion d'utiliser les habiletés antérieurement développées, qui permet de vérifier les progrès réalisés et qui offre la possibilité de rétroaction de la part de l'entourage. Tout cela n'est pas facile, c'est ce qui fait des enseignantes et des enseignants des professionnels.

Huitième postulat : Suffirait-il d'entendre parler de natation pour se jeter à la mer... sans se noyer ?

Plusieurs professeurs supposent que les élèves traduisent naturellement en action ce dont ils entendent parler. En effet, la quasi-exclusivité de l'exposé comme formule pédagogique révèle la croyance que l'adoption de nouvelles conduites résulte simplement de la connaissance et de la volonté. Si les élèves prenaient la peine de faire tout ce qu'on leur dit de faire et s'ils se servaient effectivement des connaissances transmises pour imaginer comment s'y prendre sans que cela ne leur soit expliqué, ils réussiraient bien non seulement à l'école, mais aussi dans la vie. Comme ils n'auront pas toujours un professeur à leurs côtés, ils devraient s'habituer à traduire en action, à appliquer dans la vie les connaissances qui leur sont transmises.

Il semble qu'en fait les choses ne se passent pas ainsi au cours de l'apprentissage. La simple transmission de connaissances semble avoir de bien tristes effets : « ... un certain nombre de recherches, tant en Europe qu'en Amérique du Nord, mettent en évidence qu'actuellement la plus grande partie du savoir scientifique, enseigné durant la scolarité, est oubliée au bout de quelques années, voire de quelques semaines... quand parfois il a été réellement acquis. Son transfert est laborieux et il n'assure pas le rôle intégrateur, en particulier vis-à-vis du flux d'informations qui nous vient des médias. Enfin, il est difficilement réutilisable, dans la vie courante, pour discuter avec un spécialiste (médecin, par exemple) ou dans la vie professionnelle pour orienter une décision » (Giordan et De Vecchi, 1987). Pourquoi fréquenter l'école si c'est pour se conduire, par la suite, exactement comme si on n'y était jamais allé?

John Naisbitt et P. Aburdene (1985) soutiennent que « l'information n'est pas un substitut à la pensée » et que « ... la pensée critique et l'habileté à résoudre des problèmes sont les plus importantes habiletés que nous puissions donner aux jeunes d'aujourd'hui ».

Chaque fois que les élèves sont placés dans une situation où on leur demande de réutiliser des connaissances acquises, ils doivent appliquer un processus de résolution de problèmes. Qu'on leur demande de communiquer par écrit leur pensée sur un sujet donné, de résoudre un problème de physique ou de chimie, d'élaborer un plan quelconque, de construire une maquette, de conduire une expérience, etc., il s'agit toujours, pour eux, d'occasions de résoudre un problème qui leur est posé. Or, on constate aujourd'hui que la rétention et l'utilisation de connaissances pour résoudre les problèmes ne résulte pas du simple fait que ces connaissances aient été présentées. Le processus d'apprentissage en vue de développer les habiletés de résolution de problèmes ne semble pas pouvoir se limiter à la mémorisation d'un discours sur le domaine où ces problèmes se présentent.

Le but ultime de l'enseignement étant que les élèves utilisent effectivement les capacités intellectuelles développées à l'école dans leurs activités actuelles et futures, il faut déterminer les conditions dans lesquelles ils pourront y parvenir. L'enseignement doit conduire les élèves à réutiliser le plus possible leurs capacités nouvellement acquises dans toutes les nouvelles situations où ils font face à un problème, même si cela se présente en dehors de l'école. Si l'exposé magistral ne produit pas cet effet, demandons-nous d'abord pourquoi et voyons ensuite comment l'enseignement pourrait développer la capacité de résoudre des problèmes.

Résoudre des problèmes... intelligemment

Les problèmes se présentent sous des formes très variées. En effet, que j'aie à retrouver mon stylo qui n'est plus à sa place habituelle ou que j'aie à trouver une méthode pour faciliter l'apprentissage de l'usage de l'imparfait à des anglophones, j'ai un problème. On peut dire qu'il y a problème lorsqu'il existe une ou plusieurs différences entre un état donné et un état souhaité. Cependant, un problème a une autre caractéristique encore plus importante : c'est l'individu concerné qui doit découvrir comment s'y prendre pour éliminer ou réduire ces différences (Bourne *et al.*, 1979). Les problèmes étant trop divers pour avoir des caractéristiques communes auxquelles il suffirait de réagir, la résolution de problèmes se présente donc comme un processus complexe constitué d'un grand nombre d'opérations qui s'agencent selon les circonstances. Cela exige certaines capacités intellectuelles qu'il faut acquérir.

Essentiellement, la résolution de problèmes comporte trois grands processus : la représentation du problème, le transfert des connaissances et habiletés et l'évaluation de la justesse des solutions (Gagne, 1985). Chacun de ces processus nécessite plusieurs opérations. Pour les fins de notre réflexion, nous ne tiendrons pas compte de chacune des opérations, mais seulement des trois processus fondamentaux.

La représentation des problèmes

Le processus de résolution de problèmes débute nécessairement par la construction d'une représentation de la situation problématique. D'où part-on et où veut-on aller ? Ceci nécessite qu'on établisse quels sont les éléments en présence et quelles sont les interactions qu'ils entretiennent. Par la suite, on pourra se demander comment modifier ces interactions. La représentation qu'on se fait d'un problème peut s'exprimer sous forme d'images ou de propositions verbales. L'utilité primordiale de cette représentation est de dégager la mémoire de travail d'un trop grand nombre d'informations à traiter. En rattachant les informations à des catégories ou à des énoncés, le nombre d'éléments à traiter est réduit. D'ailleurs, lorsque les situations sont complexes, ces représentations doivent elles-mêmes s'appuyer sur un support extérieur : les doigts de la main, une feuille de papier, des traits dans le sable, etc. C'est ce qui permet d'étudier la représentation des problèmes.

La recherche démontre une différence marquée entre les représentations que se donnent les spécialistes et celles que se font les amateurs ou les novices. On constate que la représentation d'un problème faite par un spécialiste met toujours en évidence les principes en jeu dans la situation, alors que la représentation du novice tente, elle, de combiner les attributs qui sont directement rattachés aux données factuelles, superficielles, perceptibles.

Par ailleurs, les individus diffèrent dans leur façon de regrouper les données. Ainsi, pour un même problème, ils peuvent faire des listes d'éléments, ils peuvent faire ressortir des liens en constituant des réseaux ou encore, ils peuvent construire des tableaux. Chaque mode de représentation a des propriétés qui affectent son utilité par rapport au problème à résoudre. Ainsi, le réseau et le tableau donnent une idée de ce qui s'associe, ce que la liste ne fait pas. Seul le tableau fournit une organisation des éléments qui met en rapport les catégories auxquelles ils appartiennent. C'est pourquoi, lorsqu'il s'agit d'un problème d'association d'éléments, les personnes qui utilisent le tableau arrivent plus facilement à la solution (Schwartz, 1971).

Le mode de regroupement, lui, dépend de notre capacité à déterminer un contenu précis à la question que nous pose le problème. Devons-nous trouver un mot, une formule, le nom d'une personne, le nom d'une ville, un nombre, etc.? C'est ce qui nous permet de créer un contexte de recherche, d'établir le domaine où les informations dont nous avons besoin devraient se trouver.

S'il existait un nombre limité de problèmes et qu'on pouvait associer à chacun d'eux une solution spécifique, il suffirait de se dire « Souviens-toi ! » pour trouver la réponse. En fait, les problèmes sont si nombreux et si diversifiés qu'il nous faut arriver à récupérer, chaque fois, les éléments d'information que nous avons emmagasinés dans notre mémoire à long terme et qui seraient en rapport avec le problème posé. Cela dépend de notre capacité à nous représenter correctement les problèmes. Comme c'est la structure du problème lui-même qui commande la solution la plus facile, c'est la qualité des représentations que nous nous donnons qui détermine la rapidité avec laquelle nous arrivons à le résoudre.

Le transfert des habiletés

La représentation d'un problème offre les indices qui permettent la récupération des connaissances relatives à la situation problématique. L'activation et l'application de ces connaissances à une nouvelle situation s'appelle le TRANSFERT. Ce n'est donc qu'une phase du processus de résolution de problèmes.

Évidemment, pour qu'une connaissance pertinente puisse être activée, il faut qu'elle soit dans notre mémoire et, de plus, il faut que nous puissions la retracer facilement. Il n'est donc pas étonnant d'apprendre par la recherche (Akin, 1981 ; Egan, 1979) que ce qui facilite la résolution de problèmes chez les spécialistes, ce n'est pas tant la complexité des stratégies qu'ils emploient, mais bien la présence de structures de connaissances plus riches et mieux organisées dans le secteur où se pose le problème. Comme le soulignait Bertrand Schwartz (1974), on peut toujours penser à neuf, on ne peut jamais penser à vide. On ne peut donc concevoir un enseignement de méthodes indépendant d'un enseignement des contenus disciplinaires. C'est la présence de connaissances organisées qui rend la recherche de solutions possible. Aussi, le spécialiste se distingue-t-il du novice par le nombre de ses connaissances dans un domaine donné et aussi par une meilleure organisation de celles-ci, par une meilleure mise en relation.

C'est la mémoire sémantique qui renferme les informations abstraites ou générales. C'est elle qui emmagasine les concepts et les met en relation de façon hiérarchique. La mémoire épisodique, elle, est constituée d'informations spécifiques concernant des expériences concrètes, vécues dans des lieux et des moments particuliers (Tulving, 1983). Le spécialiste a une mémoire sémantique plus élaborée. C'est ce qui lui permet de mieux interpréter les situations problématiques et d'y apporter des solutions. Aussi, l'analyse des réseaux de concepts des spécialistes révèle un grand nombre de niveaux, alors qu'on ne constate que quelques niveaux chez les novices. Très souvent, les élèves traitent l'apprentissage scolaire comme le souvenir d'événements. Face à un problème, ils se demandent le moment où le professeur en a parlé, l'ordre dans lequel il a procédé, les exemples qu'il a utilisés, etc. Cela montre que leur apprentissage n'a pas dépassé l'événement pour retirer les concepts généraux, les idées plus abstraites.

On s'entend aujourd'hui, à la suite de recherches, pour dire que ce qui facilite le transfert des habiletés c'est la présence d'informations dans le domaine où le problème se pose et la qualité de leur organisation. Par contre, on ne sait pas encore comment le transfert lui-même s'opère. S'agit-il de produire des modèles qu'on peut apparier à la représentation du problème ? Y a-t-il des propositions, emmagasinées dans la structure de connaissances de la mémoire à long terme, qui sont rappelées par la représentation du problème ? Est-ce que les deux modèles seraient présents et fonctionneraient selon les situations ? Ce sont là des questions pour lesquelles il n'existe que des réponses hypothétiques.

La représentation du problème permet d'activer dans la mémoire sémantique les connaissances relatives à la situation étudiée. L'application de ces connaissances conduit au choix d'une stratégie de résolution du problème : l'algorithme ou la démarche heuristique. Pour des problèmes fréquents, il existe des séquences d'opérations qui, lorsqu'appliquées, conduisent inévitablement à la solution, ce sont les algorithmes. On sait comment effectuer une addition, faire une règle de trois, accorder les participes passés, etc. Il suffit alors de cerner le problème et d'utiliser l'algorithme connu. Malheureusement, il n'existe pas d'algorithmes pour tous les problèmes, même si certains élèves le voudraient bien. Il existe, dans ce cas, des démarches qui conduisent à des solutions ou à l'absence de solution, ce sont des démarches heuristiques. Il s'agit d'un modèle stratégique qui permet de réduire le nombre de choix cognitifs, mais qui ne détermine pas l'issue de la démarche. La démarche scientifique et les méthodes de travail intellectuel sont des démarches heuristiques qui offrent un cadre à l'intérieur duquel bien des choix restent possibles, ce qui permet une diversité de résultats. Selon qu'on connaît un algorithme ou une démarche heuristique, il faut choisir quelle stratégie appliquer.

Nos capacités de transfert dépendent donc de la qualité de notre mémoire sémantique et de nos connaissances procédurales, qu'il s'agisse d'algorithmes ou de démarches heuristiques.

L'évaluation de la solution

Dès la représentation du problème, des critères d'évaluation sont formulés. Il faut en effet établir les règles et les paramètres qui permettent de décider si la solution est trouvée ou si le transfert doit se poursuivre. Cette phase où ces critères sont appliqués permet de déterminer si la réponse trouvée répond effectivement à la question posée. C'est ce qui permet de décider d'interrompre le processus ou de le reprendre sur la base d'une nouvelle représentation du problème.

Le critère le plus évident est celui de l'atteinte des objectifs poursuivis par le processus. C'est en effet l'atteinte des objectifs qui conduit à l'interruption du processus. Cela suppose qu'il y ait un jugement d'inférence et de plausibilité qui permette de reconnaître la réponse comme acceptable ou non.

Évidemment, les trois phases du processus de résolution de problèmes ne se font pas de façon linéaire, mais plutôt de façon interactive. La représentation qui fournit le contexte de la récupération de l'information dans la mémoire à long terme peut s'enrichir au moment du transfert et fournir les critères à l'évaluation ; le transfert qui conduit à des stratégies peut permettre de reformuler la représentation en fonction d'un algorithme connu ; l'évaluation s'applique à tout moment du processus et c'est ce qui permet de constater que les connaissances récupérées ne s'appliquent pas vraiment ou que la représentation ne donne pas accès à des connaissances suffisantes. L'interaction doit se poursuivre jusqu'à l'abandon de la recherche d'une solution.

Développer l'habileté de résolution de problèmes

Pendant de nombreuses années, on a cru que le transfert était un processus automatique, indépendant de la représentation des problèmes et de la capacité d'évaluation. Ainsi, on croyait qu'un cerveau, comme un muscle, qui serait exercé à la logique par le latin ou des mathématiques compliquées serait nécessairement capable de logique dans toutes les situations de la vie courante ou professionnelle.

Constatant que la résolution de problèmes est un processus complexe constitué d'un grand nombre d'opérations, les enseignantes et les enseignants ont cherché à faire acquérir des processus généraux de résolution de problèmes.

Ce fut l'époque de la pratique du remue-méninges (*brainstorming*), des exercices à répétition, de l'application de la démarche scientifique (observation-hypothèse-expérimentation-conclusion), etc. On a constaté alors que cela ne suffisait pas.

Aujourd'hui, la recherche montre qu'un enseignement axé sur l'organisation des connaissances a un effet clairement positif sur le développement de l'habileté de résolution de problèmes (Gagne, 1985). On sait donc qu'il ne suffit pas de faire exercer des stratégies pour que l'habileté se développe. Alors, comment l'enseignement peut-il contribuer efficacement au développement des processus de résolution de problèmes ?

Soumettre des problèmes aux élèves

Très souvent, il y a confusion entre problèmes et exercices. C'est pourquoi bon nombre des problèmes donnés aux élèves ne leur causent effectivement pas de problèmes. En effet, si le professeur vient d'enseigner un algorithme, de donner une procédure de résolution de problèmes particuliers et qu'il soumet une série de problèmes semblables, le processus de résolution est limité à la simple application d'un algorithme connu. Les consignes de travail sont alors explicites : « À l'aide de la formule « W », trouvez les réponses aux problèmes suivants ». Il s'agit donc en fait d'exercices d'application d'un algorithme déjà connu. En réalité, un problème ne se présente pas ainsi. Il s'agit de situations où il y a une dissonance, une différence, un écart entre ce qui est présent et ce qui est souhaité.

Les problèmes se présentent donc avant que les solutions ne soient trouvées. Les exercices, eux, se présentent après qu'une solution ait été appliquée à une situation analogue. Il est facile de donner des « problèmes » aux élèves, mais il n'est pas aussi facile de placer les élèves dans des situations qui leur posent effectivement un problème.

Dégager des représentations

Il importe que les élèves puissent cerner, grâce à des indices, la nature des problèmes qui leur sont soumis. L'enseignement doit mettre en évidence ce qui distingue la situation problématique de la solution acceptable. Il faut donc fournir des indices et amener les élèves à les repérer dans diverses situations. Il faut aussi amener les élèves à définir les critères d'une situation acceptable.

Il importe également de fournir des modèles explicites qui structurent l'interaction de divers éléments constitutifs des phénomènes étudiés. Il ne suffit donc pas d'énumérer les éléments en présence, il faut « illustrer » leur organisation par des schémas où les liens sont rendus explicites.

Enfin, il est nécessaire de vérifier la représentation que les élèves se font des problèmes. Cela permet de comprendre les difficultés qu'ils éprouvent à trouver les solutions possibles. Demander aux élèves de compléter un tableau à double entrée à partir d'un texte, par exemple, pour leur demander par la suite de préciser quels éléments permettent de répondre à certaines questions, peut aider le processus de représentation.

Faire le lien entre les indices et les connaissances acquises

Il est important pour les élèves de constater que les connaissances nouvellement acquises servent à la résolution de problèmes qu'ils n'auraient tout simplement pas vus auparavant ou n'auraient pu résoudre. Pour cela, il faut que le professeur fasse le lien entre les indices donnés et les connaissances pertinentes auxquelles ils renvoient.

Rendre explicites les stratégies utilisées

Très souvent, les élèves sont informés des résultats obtenus dans la recherche de solutions à certains problèmes. Plus rarement, ont-ils l'occasion d'apprendre comment on s'y est pris pour obtenir ces résultats. De même, dans certains domaines, on demande aux élèves de mémoriser des algorithmes de résolution de problèmes sans qu'ils comprennent vraiment à quels problèmes ils s'appliquent, mais surtout sans qu'ils comprennent pourquoi et comment on est arrivé à adopter ces algorithmes. C'est pourquoi il apparaît important qu'on initie les élèves non seulement à l'application d'algorithmes, mais également au processus de leur élaboration. Ainsi, on peut considérer un enseignement qui ne porterait jamais sur les processus d'élaboration des algorithmes aussi incomplet qu'un enseignement qui n'arriverait jamais à assurer la maîtrise d'un algorithme et son application (Bourjolly, 1984).

Il en va de même pour la démarche heuristique. Trop souvent les élèves ont à faire des travaux où, non seulement les problèmes à résoudre ne sont pas explicites, mais où également les étapes à franchir ne sont pas claires ou sont peu contrôlées. En cours de processus, il faut, au début du moins, pouvoir évaluer où en est l'élève dans l'application d'une stratégie de résolution de problèmes afin de pouvoir l'aider à résoudre les difficultés reliées à chacune des étapes.

Procéder par complexité croissante

La recherche démontre que la façon dont un problème est présenté affecte la difficulté avec laquelle une personne parviendra à une solution. Il faut, au début, que les premières tentatives de solution reposent sur des changements minimaux dans le problème tel que présenté. Les indices fournis doivent être utiles et non trompeurs.

Comme un même problème peut être présenté de diverses façons et que cela entraîne plus ou moins de difficultés dans la recherche d'une solution, il faut débuter par des présentations où les indices sont assez proches de ceux qui ont été utilisés dans les exemples précédents.

Donner des exercices

Une fois que le processus de résolution d'un type de problème est connu, il faut l'appliquer à un assez grand nombre d'exemples pour qu'une certaine routine se crée. C'est là le rôle essentiel des exercices. Il importe que ces derniers contiennent des indices analogues à ceux qui ont servi à l'enseignement, qu'ils renvoient à des connaissances déjà intégrées, qu'ils exigent des stratégies connues.

Établir les critères d'évaluation

L'évaluation étant une phase indispensable de la résolution de problèmes, il importe que les élèves développent la capacité d'établir des critères de validité de leurs solutions et qu'ils apprennent à les appliquer. Le processus d'évaluation doit être intégré par les élèves eux-mêmes. C'est ce qui détermine finalement la possibilité d'exercer leur autonomie.

Conclusion

Ce qui apparaît, à première vue, comme une habileté générale de résolution de problèmes est en fait un ensemble de capacités permettant l'application du processus de résolution de problèmes dans des domaines particuliers. La maîtrise d'un champ de connaissances par la structuration de celles-ci autour de principes et de concepts, la capacité de se donner une représentation convenable de ce qui constitue un problème dans ce domaine, la connaissance des stratégies de résolution de problèmes (générales ou particulières) et la capacité d'évaluer des résultats sont des capacités indispensables à l'application du processus de résolution de problèmes.

Afin d'amener les élèves à utiliser, dans la vie courante ou dans diverses situations d'apprentissage, les connaissances acquises à l'école, il faut, finalement, que l'apprentissage lui-même soit organisé comme un processus de résolution de problèmes. Pour que cela ait un effet, il faut que les élèves perçoivent que les connaissances abordées permettent de comprendre et d'influencer des situations qu'ils considèrent effectivement comme posant un problème pour eux. Trop souvent, les élèves ne sont placés que devant des exercices répétitifs. Ils doivent avoir à résoudre des problèmes.

L'enseignement peut permettre le développement des habiletés de résolution de problèmes s'il n'est pas constitué d'exposés de connaissances jamais utilisées ou jamais explicitement rattachées à un processus de résolution de problèmes. C'est pour agir, pour résoudre des problèmes qu'on apprend.

En résumé

L'examen des huit postulats qui permettraient de croire que l'exposé suffit à l'enseignement nous a fait découvrir que l'apprentissage est un processus bien trop complexe pour pouvoir se satisfaire d'une seule activité: celle d'écouter un professeur. Les quatre idées maîtresses qui nous permettent d'aborder l'apprentissage sont les suivantes :

L'APPRENTISSAGE EST UNE ACTIVITÉ

Ce que l'apprenant fait est déterminant pour le développement de ses capacités potentielles. C'est la façon dont l'élève traite les informations, la profondeur de ce traitement, qui est déterminante pour la qualité de l'apprentissage. Le temps d'étude seul n'est pas signifiant ; ce qui l'est, c'est la nature des activités qui occupent ce temps. Mémoriser machinalement prend du temps mais ne produit pas un apprentissage de qualité.

L'APPRENTISSAGE EST UN PROCESSUS DE CONSTRUCTION

Nous n'apprenons pas en enregistrant des stimuli perçus. Ce n'est pas par l'empreinte d'images que notre cerveau mémorise. Nous apprenons en construisant notre propre structure cognitive. Cela se fait toujours à partir de l'état de la structure cognitive au moment où se présente une occasion d'apprentissage. L'apprentissage scolaire doit entraîner une amélioration quantitative mais surtout qualitative de cette structure. Ce processus de modification implique diverses opérations, selon la complexité de la tâche. L'enseignement doit susciter, guider et supporter ces opérations.

L'APPRENTISSAGE EST CUMULATIF

Les diverses conceptions que se font les élèves de la réalité peuvent être satisfaisantes pour eux parce qu'elles permettent déjà une compréhension. L'apprentissage étant une construction, il cherche à raffermir les structures existantes. C'est pourquoi l'enseignement rencontre des obstacles. Il faut bien souvent faire des exercices de falsification, démontrer aux élèves que leurs conceptions sont fausses avant de pouvoir reconstruire une nouvelle conception.

L'APPRENTISSAGE POURSUIT UN BUT

On n'apprend pas tant de l'action qu'on apprend pour l'action. C'est pour être plus familier avec une situation que nous apprenons. Quand on a une idée de cette situation, quand on sait quelles capacités il faut développer, quand on sait ce qu'on a à accomplir, on s'engage plus volontiers dans l'apprentissage.

C'est la connaissance de l'apprentissage qui peut nous permettre d'évaluer les pratiques d'enseignement. L'enseignement est une activité professionnelle de coopération avec une ou des personnes qui apprennent des matières faisant partie d'un programme de formation. Travailleur autonome, le professionnel de l'enseignement n'est pas un intervenant isolé. Il intervient pour supporter des apprentissages situés dans une démarche de formation. Il ne peut oublier cela pour faire uniquement ce qui lui plaît.

Ces quelques réflexions nous font prendre conscience de l'urgence du développement d'un modèle conceptuel professionnel de l'enseignement. Ce modèle reconnu par chaque membre de la profession aurait pour fonctions :

- de guider le choix des connaissances qui sont d'intérêt pour la profession, afin d'éviter que chacun arrive avec sa recette ou ses propositions de changement sans que cela ne soit questionné avant expérimentation ;
- de guider l'activité professionnelle en spécifiant son champ d'interventions, les activités qui s'y rattachent et les standards attendus ;
- de donner sens à l'activité professionnelle en définissant mieux sa fonction et le rôle de ses diverses activités ;
- de déterminer les composantes de la formation préparatoire à l'exercice de la profession ;
- d'orienter la recherche ;
- de permettre l'élaboration d'une théorie de l'enseignement.

L'étude de l'apprentissage nous renvoie à l'étude de l'enseignement. C'est ce que nous aborderons dans la troisième partie du livre. Auparavant, poursuivons notre réflexion sur la nécessité d'engager les élèves dans l'activité d'étude. La relation pédagogique est une relation qui fait apprendre ; c'est une relation qui incite à accomplir les activités d'étude nécessaires. En plus de concevoir des activités pour la classe, les enseignantes et les enseignants ne doivent-ils pas aussi concevoir des activités autonomes d'étude ?

Deuxième partie

L'étude : quel problème ?

POUR amener les élèves à s'engager dans leur apprentissage, il faut les convaincre de la nécessité de l'étude et leur proposer des activités qui, en lien avec ce qui est amorcé en classe, vont leur permettre d'organiser leur temps d'étude.

Il devient de plus en plus difficile d'enseigner. Les demandes de la société se font pressantes ; il faut répondre aux exigences de l'excellence, assurer la formation fondamentale, se préoccuper du développement des processus mentaux supérieurs, intégrer la dimension technologique de la culture actuelle, différencier l'enseignement de façon que chaque élève se développe au maximum, etc. Dans ce contexte, les professeurs se trouvent coincés. Ils savent bien qu'il est impossible de penser hausser les standards sans engagement de la part des élèves. Or, alors que les exigences ne cessent d'augmenter, plusieurs constatent que les élèves d'aujourd'hui ne travaillent pas très fort à leur apprentissage. L'étude n'accompagne plus l'enseignement.

Ainsi, une recherche commandée par Robert Howe, du Cégep Montmorency, à partir de données du test PERPE, indique que près de 76 % des répondants disent étudier moins de 15 heures par semaine, 50 %, moins de 10 heures et 19 %, moins de 5 heures. Par ailleurs, parmi les 9 % qui disent étudier 20 heures et plus, 67 % sont inscrits au secteur technique. Sachant qu'on ne saurait hausser le niveau, viser des apprentissages plus complexes, obtenir de meilleures performances par les seuls efforts des éducateurs, les enseignantes et les enseignants sont maintenant préoccupés par l'étude.

Plusieurs questions se posent. Pourquoi les élèves ne valorisent-ils pas cette activité qu'on appelle l'étude et qui consiste à acquérir de nouvelles capacités, à modifier ses propres caractéristiques grâce aux connaissances transmises par l'enseignement ? Pourtant, n'est-ce pas là ce qu'il y a de plus déterminant dans la vie : acquérir les capacités qui permettent de participer à ce qu'il y a de plus intéressant dans sa culture ? Pourquoi les élèves préfèrent-ils des activités abrutissantes ou des emplois mal rémunérés à l'étude ? Comment les professeurs peuvent-ils éduquer à l'étude ?

On peut apporter des éléments de réponse à ces questions en explicitant l'importance de l'étude, en précisant le rôle que doit y jouer le professeur et en décrivant la diversité des activités que recouvre le terme « étude ».

La fréquentation personnelle des connaissances

L'enseignement ne sera toujours qu'une activité de coopération. Cela signifie que cette activité ne pourra jamais se substituer à l'apprentissage. L'enseignement n'est pas efficace du fait de mettre les élèves en présence de connaissances. Ces connaissances doivent être « assimilées », mises en mémoire, utilisées comme matériau de construction de la structure cognitive des élèves. L'efficacité de l'enseignement est dépendante de l'activité de l'élève puisque la modification de la structure cognitive exige un acte volontaire, un effort, une activité soutenue. Les conceptions ou les routines fausses sont plus résistantes que n'importe quel virus. Pour les remplacer, il faut en reconstruire de plus appropriées et les exercer assez pour qu'elles se substituent aux anciennes.

Le bon enseignement n'est pas celui qui réactive continuellement les capacités que possèdent déjà les élèves, où tout est immédiatement compréhensible, ni celui qui se limite à demander des tâches qui peuvent être exécutées sans difficulté. Apprendre, c'est toujours surmonter une difficulté: arriver à penser différemment, arriver à s'y prendre autrement, arriver à de meilleures performances. Enseigner, c'est toujours fournir les connaissances qui servent à surmonter ces difficultés. Ces connaissances, cependant, doivent être intégrées par l'élève dans sa propre structure cognitive.

La relation pédagogique, qui met en rapport la matière à apprendre, le professeur et l'élève, n'est pas établie pleinement tant que l'élève n'entre pas personnellement en rapport avec la matière de façon à se l'approprier. L'étude est une dimension incontournable de la relation pédagogique. Elle doit être prévue de façon à pouvoir être effectuée au moment nécessaire.

L'étude, conçue comme la seule préparation aux examens, est réductrice de l'activité qu'exige l'apprentissage. Un des défis de l'enseignement est de mieux intégrer l'activité d'étude à l'ensemble de la séquence des apprentissages. On sait en effet que les avantages des pratiques d'étude dépassent les désavantages possibles.

Les effets possibles de l'étude

Effets positifs

- **Accélération de l'apprentissage et de la performance**
  - meilleure rétention des connaissances ;
  - compréhension accrue ;
  - amélioration de la pensée critique, de la formation des concepts, du traitement de l'information ;
  - enrichissement du programme d'études ;
  - amélioration des habitudes de travail ;
  - acceptation d'apprendre en dehors de la classe ;
  - attitude positive envers l'école ;
  - développement d'habiletés liées à l'étude.
- **Influence sur la personnalité**
  - plus grande autonomie ;
  - plus grande discipline personnelle ;
  - meilleure organisation du temps ;
  - intérêt pour la recherche, la satisfaction de la curiosité;
  - maîtrise des processus de résolution de problèmes.
- **Accroissement de l'appréciation des parents pour l'école**

Effets négatifs

- **Saturation**
  - perte d'intérêt pour les matières scolaires ;
  - fatigue physique et psychique.
- **Limitation du temps de détente et d'activités sociales**
- **Interférence dans le travail personnel**
  - pression sur le temps de travail et la performance ;
  - confusion entre diverses techniques proposées par les enseignantes et les enseignants.
- **Plagiat**
  - copie de travaux ;
  - aide dépassant le tutorat.
- **Différenciation accrue entre les élèves forts et les élèves faibles**

Des tâches à faire souvent négociées

Dans une synthèse des recherches sur les devoirs donnés aux élèves, Harris Cooper (1989) montre que l'influence des travaux exigés en dehors du contexte de la classe est d'autant plus marquante qu'on change de niveau. Ainsi, à l'élémentaire, le fait de donner des devoirs n'aurait pas un effet direct important sur le rendement scolaire. Cependant, dès le début du secondaire, l'effet positif des devoirs sur le rendement est croissant. Plus l'élève est engagé dans une activité personnelle d'étude, plus ses performances s'en ressentent.

Les effets possibles des travaux autonomes ont été regroupés en effets positifs et négatifs par Cooper. Cette liste s'applique à toute activité d'étude, peu importe la nature des tâches qu'elle implique. Pour obtenir des effets positifs, il faut mettre les élèves au travail en dehors de leur présence en classe. C'est là tout le défi qu'ont à relever les enseignantes et les enseignants : faire travailler les élèves. Il ne suffit pas, en effet, de donner une tâche, il faut que les élèves la fassent. Or, comme l'a si bien décrit Walter Doyle (1979), le but d'une tâche d'apprentissage étant toujours d'arriver à démontrer une capacité que l'élève ne possède pas avant d'entreprendre la tâche, sa prescription déclenche toujours un processus de négociation. L'élève tente de ramener la tâche à quelque chose qu'il sait déjà faire, à une activité qu'il peut déjà exercer avec les capacités qu'il possède déjà.

L'apprentissage ne peut se produire sans que des actions soient accomplies, sans que l'étude n'ait lieu. Les élèves ne sont pas nécessairement informés de ce postulat. Dès lors, une bonne partie de leurs efforts consistera à modifier les degrés d'ambiguïté et de risque des tâches proposées.

La difficulté qui se présente alors aux enseignantes et aux enseignants, c'est de chercher à obtenir la coopération des élèves sans modifier ce qui doit être appris et, conséquemment, les tâches à accomplir. Pourquoi les professeurs ont-ils si peu de succès dans le maintien de la coopération des élèves et des tâches qu'exigent les apprentissages visés ? Quels sont les facteurs qui les placent perdants ? Quel rôle la concertation peut-elle jouer ? Pourquoi les tâches scolaires ne sont-elles pas perçues comme utiles par les élèves ? Des réponses à ces questions contribueraient grandement à améliorer la qualité des interventions des professeurs en matière d'étude.

Une réalité aux multiples visages

L'étude a la diversité de l'apprentissage. Trop souvent l'étude est confondue, d'une part, avec la seule répétition machinale d'informations pour assurer la mémorisation en vue d'un examen et, d'autre part, avec l'auto-apprentissage résultant de l'initiative de l'élève et visant à faire des apprentissages supplémentaires par rapport à ceux qui sont touchés par l'enseignement.

En fait, l'étude permet d'appliquer diverses stratégies cognitives à des tâches qui ont pour but de faire faire des apprentissages particuliers. Examinons brièvement ces stratégies qui peuvent être associées à différentes tâches.

La répétition

Afin de mémoriser des informations à long terme, la répétition est une stratégie reconnue comme efficace. Diverses tâches ont pour but de donner l'occasion de répéter une information ou une opération.

L'élaboration

Pour arriver à comprendre une réalité, il faut pouvoir établir des liens entre les informations qui la concernent. Il faut former des propositions cohérentes en identifiant la nature des liens qui agencent les diverses informations. Il faut choisir les rapports d'inclusion ou d'exclusion, stucturer les séquences, établir des comparaisons, etc.

L'organisation

Afin de dépasser les données factuelles pour arriver à des représentations généralisables de la réalité, il faut organiser les informations de façon hiérarchique. Pour cela, il faut :

- regrouper les informations dans des unités où elles ont une certaine signification ;
- nommer ces regroupements ;
- établir des relations d'inclusion et d'exclusion entre eux.

Le contrôle

Les nouvelles informations sont toujours interprétées à l'aide des catégories déjà créées. Il faut constamment s'assurer de la validité de celles-ci et y apporter les corrections nécessaires afin de leur permettre de tenir compte de la réalité rencontrée.

Toutes ces stratégies d'apprentissage s'appliquent aux tâches d'étude. Le fait de se satisfaire de la seule répétition ne permet pas l'apprentissage d'habiletés de niveau supérieur.

Si les élèves réussissent un cours uniquement en ayant à répéter des informations lors d'un examen portant sur une partie de la matière, il ne faut pas s'étonner qu'ils ne valorisent pas ce qu'ils perçoivent comme « l'étude » ni que le niveau de développement atteint soit assez peu élevé.

Une responsabilité partagée

Lorsqu'un professeur dit qu'un élève n'étudie pas, il dit bien souvent que l'élève ne s'engage pas dans des activités d'apprentissage autonomes, extérieures aux moments d'interaction avec le professeur. Dire qu'un élève ou que les élèves n'étudient pas équivaut à dire : « Ils ne font pas ce qu'ils ont à faire ». Dès lors, c'est comme leur faire porter toute la responsabilité de leurs lacunes. Car c'est comme si ce qu'ils ont à faire devait être déterminé par les élèves eux-mêmes. Or, les élèves peuvent concevoir l'apprentissage comme une activité de consommation et, dans cette optique, un « bon » professeur serait celui qui ne donne que de la matière qui peut être comprise du premier coup, sans effort, sans travail. Aussi, ne s'attendant même pas à devoir travailler pour apprendre, les élèves sont loin de pouvoir déterminer la nature du travail à faire.

Il convient dès lors de préciser en quoi consistent effectivement les activités d'étude confiées aux élèves, car les niveaux supérieurs ou les apprentissages complexes ne peuvent être associés aux stratégies simples de mémorisation de l'information. Il faut aussi s'assurer qu'il y a vraiment concordance entre les activités d'étude et les apprentissages visés, que les activités d'étude sont directement définies par l'apprentissage entrepris en classe, qu'elles sont planifiées par les enseignantes et les enseignants et qu'elles sont connues des élèves.

Les activités d'étude

Si l'on définit l'étude comme l'activité d'apprentissage autonome qui suit un enseignement, comme l'effort intellectuel personnel pour s'approprier un savoir ou pour développer une habileté, on peut chercher à décrire l'étude en fonction de l'enseignement. Notons qu'une description des activités d'étude présente un regroupement quelque peu artificiel. Bien souvent, ces activités, ou du moins certaines d'entre elles, sont intégrées aux périodes de cours. Les élèves étudient donc parfois en classe. Malgré cela, voici le genre d'activités auxquelles on se livre généralement lorsqu'on étudie.

La préparation au cours suivant

Étudier, c'est le plus souvent, se préparer à suivre un autre cours. Dans une séquence de cours, l'étude permet de faire des liens, d'intégrer de nouvelles connaissances à des connaissances acquises. Dès lors, l'étude a deux volets : la RÉVISION du cours déjà suivi et l'ANTICIPATION des démarches annoncées pour le cours suivant.

La RÉVISION permet de se remémorer les informations reçues au cours précédent et de chercher à leur donner sens. Très souvent, ceci se fait par la reprise des notes de cours pour les réorganiser ou encore par le travail de synthèse à l'aide d'un manuel ou de notes fournies par le professeur. La révision consiste donc à « composer » à nouveau la signification des informations reçues lors des cours antérieurs.

Certaines activités autonomes, menées hors de la relation de médiation, visent à préparer les prochaines rencontres ; il y a donc des activités d'ANTICIPATION des apprentissages. Il s'agit essentiellement pour l'élève d'activer son intérêt pour les activités qui seront proposées. Il peut le faire en prenant connaissance de problématiques ou en se plaçant dans des situations de conflit cognitif, générant ainsi une INCERTITUDE qui sera réduite ou éliminée au cours suivant.

Les exercices autonomes

Le développement des habiletés est impensable sans l'exercice. L'utilisation de nouvelles méthodes nécessite la synchronisation d'un ensemble de capacités. L'apprentissage ne peut se limiter à la compréhension. Il doit se poursuivre jusqu'au remplacement des anciennes structures cognitives. L'exercice est alors indispensable. Selon la complexité de la tâche, il s'agira, dans le cas de l'application de procédés uniques, d'EXERCICES GRADUÉS et, dans le cas de processus complexes, de PROBLÈMES à résoudre. Lorsqu'il faut synchroniser un ensemble complexe de nouvelles capacités, ces exercices peuvent prendre la forme d'un STAGE. Cependant, la forme la plus fréquente des exercices autonomes demeure les devoirs, les exercices faits à l'extérieur des salles de cours.

Les travaux de synthèse

La réalité étant toujours plus complexe que les situations simplifiées conçues pour l'apprentissage, il importe que les élèves aient à traiter des ensembles d'informations « naturels » ou « importants ». C'est la raison d'être des TRAVAUX LONGS. Les cours eux-mêmes peuvent constituer cet ensemble d'informations à traiter. La synthèse peut alors porter sur les notes de cours. Lorsque les informations sont à trouver dans un système formel comme une bibliothèque, la synthèse prendra la forme d'une DISSERTATION. Lorsque les informations sont associées à des situations réelles ou concrètes, on parlera de PROJETS. Lorsque les informations sont issues d'une expérience récente, on demandera un RAPPORT.

La préparation aux examens

L'étude a un caractère particulier lorsqu'il s'agit de la préparation aux examens. D'une part, l'étude comporte alors la REMÉMORISATION des notions ou des informations importantes. D'autre part, l'étude comprend aussi la maîtrise de toutes les méthodes associées aux EXERCICES. C'est une reprise de l'étude antérieure, une vérification de la maîtrise visée en rapport avec les objectifs fournis par le professeur. La mémorisation requise n'est pas nécessairement machinale ; elle peut et même devrait permettre l'établissement de liens entre les informations retenues.

Ainsi donc, dire qu'un élève n'étudie pas peut signifier que cet élève ne fait rien de tout ce qui est énuméré ici. Par contre, un élève peut avoir de mauvaises habitudes d'étude et tenter de tout faire lors de la préparation aux examens, par exemple. Alors, il peut sembler qu'il n'étudie pas parce que sa stratégie d'étude est improductive.

L'exploitation du temps d'étude

Certains professeurs ignorent complètement les activités d'étude et les considèrent comme des activités relevant entièrement de la responsabilité de l'élève, activités qu'ils n'ont pas à faire et dont ils n'ont pas à se préoccuper. Dans ce cas, l'enseignement risque d'être réduit à la transmission d'informations, et l'apprentissage limité à la mémorisation machinale de celles-ci.

Il importe de considérer l'apprentissage comme un processus interne se déroulant pendant une période dépassant considérablement les heures de cours. Pour que l'enseignement soit une activité de support à l'apprentissage, les professeurs doivent tenir compte du caractère complémentaire des activités d'étude et les planifier afin qu'elles jouent effectivement leur rôle au moment opportun. Les professeurs doivent guider les activités d'étude.

La préparation au cours suivant

La préparation au cours suivant repose grandement sur le fait que les élèves terminent les apprentissages prévus au cours précédent. Selon Ausubel (1960), l'apprentissage antérieur est le facteur déterminant de la capacité de faire un apprentissage donné. Ce principe s'applique également à une séquence de cours. Il importe dès lors que les élèves n'aient pas laissé en plan les apprentissages antérieurs afin de pouvoir progresser.

Pour inciter les élèves à poursuivre les apprentissages entre les cours, les professeurs utilisent principalement deux moyens : les évaluations régulières et la vérification des notes de cours restructurées. Viennent, en appui à ces mesures, l'exploitation du plan de cours, l'élaboration d'un véritable plan d'étude où les travaux qui doivent être faits entre les rencontres sont spécifiés, le tutorat d'étude qui jumelle les élèves qui réussissent et les élèves en difficulté et les cours de méthodologie du travail intellectuel qui initient à l'étude.

Les activités d'anticipation sont plus rares dans les pratiques d'enseignement. La sensibilisation aux sujets ou aux problèmes qui seront abordés se fait rarement par des activités préparatoires. Rien n'empêche de voir l'intérêt de susciter chez les élèves des préoccupations qui pourraient donner sens aux apprentissages qui seront abordés. Trop souvent, les professeurs comptent sur la culture générale de leurs élèves pour s'assurer que ces derniers partagent leurs préoccupations.

Les exercices autonomes

Assez souvent, des exercices autonomes sont faits en classe. Selon le degré de difficulté, les professeurs doivent prévoir non seulement un nombre nécessaire d'activités supplémentaires, mais également une répartition graduée de celles-ci afin d'assurer les progrès des élèves. C'est l'expérience qui permet d'évaluer les besoins des élèves et la quantité d'exercices habituellement requise pour acquérir les apprentissages visés.

L'exercice gradué ne présente pas un niveau de complexité suffisant pour qu'il puisse être confondu avec la résolution de problèmes. Le premier consiste en l'application répétitive d'une séquence d'opérations connues. La résolution de problèmes exige une démarche plus complexe : se représenter ce qui est un problème, élaborer une stratégie de modification de la réalité et vérifier si l'on a atteint l'état désiré. Lorsque la consigne fournie à l'élève s'exprime dans des termes comme : « À l'aide de la formule..., résolvez les problèmes suivants », on est vraiment dans le domaine de l'exercice gradué. Lorsque la consigne ressemble plutôt à la description d'une situation réelle et où l'on demande « comment on pourrait modifier cette situation », on est dans le domaine de la résolution de problèmes. Dans les deux cas, les activités doivent être en rapport avec l'enseignement en cours et ne pas être conçues en fonction d'habiletés générales.

Il est malheureux que les professeurs n'abordent pas très souvent le niveau de l'habileté supérieure de résolution de problèmes. Les exercices autonomes devraient amener l'élève à penser, à réfléchir, à exercer son intelligence, à réutiliser ensemble des capacités développées dans les apprentissages antérieurs.

Les professeurs doivent évaluer quand il est temps de passer aux problèmes. Il est certain que l'apprentissage est désavantagé lorsqu'on s'en tient aux exercices d'application. De plus, les professeurs ont à trouver le contexte dans lequel leurs élèves s'engagent le plus volontiers dans la résolution de problèmes. Est-ce en créant des situations artificielles (verbales ou autres) ou en plaçant leurs élèves face à des tâches réelles ? Enfin, les professeurs doivent évaluer le niveau de difficulté correspondant aux capacités acquises.

Ici encore, tout comme dans le cas de la préparation au cours suivant, il importe de déterminer quand les habiletés ainsi acquises seront nécessaires à la poursuite de l'apprentissage et de vérifier que cette étape est non seulement franchie, mais qu'elle a donné les résultats escomptés. Trouver les apprentissages qui exigent l'exercice, juger le niveau à atteindre, organiser le matériel utile, planifier le temps nécessaire et vérifier les résultats sont des opérations permettant de maximiser l'effet des exercices autonomes.

Les travaux de synthèse

La répétition d'activités simples et complètes en elles-mêmes ne peut conduire au développement d'habiletés supérieures. Il faut établir des liens et entreprendre des opérations complexes. Cette complexité appelle un engagement de longue durée dans une même activité. Un travail long réalisé en quelques heures ne fait pas appel aux mêmes capacités qu'un travail qui s'étale sur des semaines.

Il importe ici de bien évaluer les occasions de synthèse. Lorsqu'il faut suivre les étapes du travail, la synthèse de notes de cours a l'avantage de ne créer aucune difficulté en ce qui concerne le contenu à traiter. Il est alors plus facile de centrer ses efforts sur l'activité même de synthèse. Lorsqu'il faut chercher les informations, la bibliothèque offre un support précieux aux élèves et aux professeurs qui peuvent compter sur l'aide d'autres intervenants au moment où le professeur n'est pas en mesure de guider lui-même l'élève en difficulté. Enfin, la synthèse d'expériences récentes a l'avantage de faire référence à des données prévisibles, connues du professeur. Ici encore, le professeur doit évaluer le type de synthèse le plus profitable au développement de ses élèves et leur fournir non seulement les consignes pour amorcer le travail, mais également le support nécessaire pour que les diverses étapes soient franchies.

La préparation aux examens

La préparation immédiate aux examens est considérablement compliquée lorsqu'elle n'a pas été précédée de la préparation aux cours. Dans bien des cas, c'est pourtant la seule activité d'étude des élèves.

Bien souvent, il semble que la préparation aux examens se limite à la compréhension des notes de cours. Alors, lorsque les examens comprennent la vérification d'habiletés, les élèves rencontrent des difficultés insurmontables. Il n'est donc pas inutile de fournir aux élèves, avant les examens, un rappel des objectifs dont l'atteinte sera vérifiée et de faire le lien entre ceux-ci et non seulement le contenu du cours, mais également les exercices qu'ont faits les élèves auparavant.

Diverses pratiques montrent le souci des professeurs d'aider les élèves à préparer les examens. Il importe que les élèves perçoivent qu'il s'agit là d'une opération finale en rapport avec les activités précédemment menées.

En résumé

Si l'étude est l'activité de l'élève qui accomplit une tâche d'apprentissage à la suite d'un enseignement, ce n'est pas une activité indépendante de l'enseignement, une activité qui ne serait pas guidée par les tâches définies par le professeur. La recherche (Berliner, 1987) montre que les tâches données aux élèves à la suite d'un enseignement améliorent la qualité des apprentissages à certaines conditions. Tout d'abord, ces travaux doivent avoir un rapport explicite avec le processus d'apprentissage entrepris en classe. Ensuite, les tâches d'étude sont d'autant plus utiles qu'elles ont été préparées attentivement par les professeurs, que les consignes sont claires et que la remise des travaux est suivie d'assez près d'une rétroaction. D'autres facteurs d'efficacité s'ajoutent : le rythme d'assignation des tâches doit être contrôlé, l'encadrement offert doit être conforme aux besoins des élèves et les outils de travail doivent être disponibles et de qualité. L'étude ne peut donc être laissée à la seule initiative des élèves. Étudier, c'est « travailler sur soi-même », se construire intellectuellement, dans le cadre du projet scolaire, des buts poursuivis dans un cours, avec un professeur.

Troisième partie

La compétence des professeurs

D'APRÈS les spécialistes de l'enseignement, les exigences intellectuelles, émotionnelles et physiques qui pèsent sur les enseignantes et les enseignants n'ont cessé de croître au cours des dernières années (Andrews, 1987). Ceci ne fait que confirmer ce que plusieurs professeurs croient, comme Antoine Prost (1985) : enseigner est devenu beaucoup plus difficile que par le passé. Cette opinion se vérifie d'ailleurs par les phénomènes de l'épuisement professionnel (*burn out*) et du travail à temps partagé.

Alors même que les exigences augmentent, on constate pourtant que le statut social des enseignantes et des enseignants est en déclin dans presque tout l'Occident. Cette contradiction entre les exigences réelles de la profession et l'idée qu'on s'en fait généralement est si importante que des responsables des milieux scolaires affirmaient, au cours de l'enquête menée en 1984 par le Conseil supérieur de l'éducation sur la condition enseignante au Québec, que tant que les professeurs n'auront pas le sentiment d'exercer un acte professionnel dont ils sont responsables et tant que l'image qu'ils projettent collectivement ne reflétera pas cet idéal, la condition enseignante demeurera difficile.

En fait, les notions de responsabilité et de reconnaissance sociale renvoient à l'idée de compétence. En effet, la COMPÉTENCE peut être définie comme la CAPACITÉ RECONNUE à une personne, ou à un groupe de personnes, d'effectuer des TÂCHES SPÉCIFIQUES relatives à une FONCTION DÉTERMINÉE. Ainsi, on peut dire que la condition enseignante demeurera difficile tant que la compétence de ceux et celles qui font de l'enseignement ne sera pas reconnue. Cette reconnaissance est importante parce qu'elle se traduit en droit : celui d'exercer de façon autonome l'activité professionnelle concernée, d'interdire l'exercice de cette activité à toute personne ne possédant pas les connaissances et les habiletés jugées nécessaires pour l'exercice efficace de cette activité, de juger de l'aptitude des personnes désireuses d'exercer cette profession, de parler sciemment de son champ de compétence et finalement, de déterminer les conditions d'efficacité des actes à poser. Par ailleurs, la compétence s'affirme par la responsabilité de se donner la formation et le perfectionnement permettant de faire face à la complexité de la tâche, d'être redevable de l'efficacité de ses interventions et de déterminer des standards de qualité et des critères éthiques touchant l'exercice de tâches dont le rôle est clairement défini.

Habituellement, un malaise naît face à cette définition de la compétence. Spontanément, nous sommes prêts à reconnaître que si les droits rattachés à la compétence nous étaient accordés, la condition enseignante serait améliorée. Par contre, lorsqu'il s'agit de reconnaître qu'il nous faudrait accepter les responsabilités énumérées, l'unanimité est très loin d'être faite. Pourquoi ces responsabilités font-elles peur ? Quelles sont les caractéristiques spécifiques à l'enseignement qui doivent être rendues explicites afin de déterminer les limites de la responsabilité professionnelle ? Car il est difficile de faire reconnaître la complexité d'une activité mal définie, d'un ensemble de tâches dont le rôle n'est pas précisé, d'actes dont la portée peut difficilement être appréciée. De même, il est difficile de déterminer les limites de ses responsabilités.

La reconnaissance de la compétence des enseignantes et des enseignants ne peut se faire sans que soit clairement définie la responsabilité spécifique assumée ou, autrement dit, la fonction de l'enseignement, les tâches exigées par cette fonction et le rôle de chacune et les effets obtenus par les diverses interventions. Or, il arrive encore qu'enseigner signifie faire l'exposé des connaissances qu'on possède. Alors, on peut imaginer que le professeur puisse dire : « Moi j'enseigne ; eux, qu'ils apprennent ! ». Sa responsabilité se limite ainsi à la maîtrise d'un sujet et à sa capacité d'en faire l'exposé. Pourtant, quoi qu'on enseigne, on l'enseigne toujours pour que les élèves l'apprennent (Thyne, 1974). Donc, enseigner devrait signifier faire apprendre. Alors, le professeur ne pourrait plus se demander seulement s'il connaît bien la matière à enseigner ; sa responsabilité s'étendrait à l'apprentissage, à ce que font les élèves pour développer leur savoir et leurs habiletés. Alors, le professeur se dirait : « Moi j'enseigne ; mais eux, apprennent-ils ? ». Mais comment les enseignantes et les enseignants pourraient-ils être responsables d'une activité qui appartient aux élèves ?

On considère facilement l'enseignement et l'apprentissage comme les deux faces d'une même pièce de monnaie (Drucker, 1990), mais on reconnaît difficilement qu'il y a un lien explicite entre l'activité du professeur et celle des élèves. Décrire la compétence des professeurs, n'est-ce pas décrire les rapports qu'entretiennent l'enseignement et l'apprentissage? Empruntons cette voie et cherchons à mettre en évidence la responsabilité qu'enseignantes et enseignants savent assumer.

La fonction d'enseignement

Selon Myron Lieberman (1956), l'enseignement devrait acquérir huit caractéristiques essentielles avant de pouvoir être reconnu comme une «véritable» profession libérale. La première de ces caractéristiques est de «procurer un service essentiel et bien défini à la société».

Les transformations récentes de notre société placent l'enseignement parmi les activités jugées essentielles non seulement à notre développement, mais à notre survie même. En effet, la connaissance qui apparaissait pour bien des personnes de la génération précédente comme un ajout, un luxe de la personnalité, est aujourd'hui située au cœur même de notre vie sociale. Déjà, nombreux sont ceux et celles qui ne font plus partie de la société industrielle, ni même de la société des affaires; ils font partie de la société du savoir, de l'information, de la recherche... Cela est si important que, comme l'a fait remarquer Peter Drucker (1990), on s'inquiète maintenant que des enfants ne réussissent pas aussi bien que d'autres en mathématiques ou encore qu'ils ne maîtrisent pas suffisamment telle ou telle aptitude langagière ou même qu'ils ignorent tel fait ou telle information. Ceci aurait été tout simplement inimaginable dans toute autre civilisation précédente: on n'aurait même pas pu alors imaginer que des lacunes semblables puissent mériter quelque attention.

La connaissance et l'aptitude à penser deviennent aujourd'hui des préoccupations majeures, et il est à prévoir qu'elles entraîneront des changements majeurs au niveau de l'éducation. D'ailleurs, des pressions s'exercent déjà pour que l'enseignement réponde à ces attentes. L'éducation, c'est «la réponse d'une culture aux questions d'une période donnée», disait Neil Postman (1981). Les questions d'aujourd'hui portent sur le savoir et son application technologique. L'enseignement, dès lors, devrait apparaître comme le service essentiel de développement des savoirs. Pourtant, la relation entre enseignement et développement du savoir ou même de l'intelligence n'est pas explicitement établie.

Selon Resnick (1981), nous avons posé comme postulats que, premièrement, ce sont les facteurs biologiques qui expliquent fondamentalement la conduite humaine et, deuxièmement, que ce sont les facteurs individuels plutôt que sociaux qui expliquent les différences existantes entre les gens. Dès lors, ces postulats entrent en contradiction avec l'idée que le processus éducatif peut influencer de façon significative le développement humain. Ainsi, le rôle joué par l'enseignement est minimisé. Ceci s'est traduit clairement dans tout le discours pédagogique qui appelait au respect du développement de l'enfant, comme s'il s'agissait là d'un phénomène auquel les professeurs assistaient passivement, créant ainsi un sentiment de non-confiance en l'efficacité de l'enseignement sur la transformation des capacités des élèves.

Au cours des dernières décennies, les théories dominantes ne croyaient pas fermement en l'effet réel de l'entreprise éducative et surtout pas en l'effet de l'enseignement sur la transformation des capacités intellectuelles des personnes. Les théories du développement naturel ont attiré l'attention sur les façons de ne pas interférer avec le processus de développement plutôt que d'indiquer des façons de le promouvoir activement. De même, la réflexion de cette époque a conduit les enseignantes et les enseignants à s'adapter aux capacités des élèves en demandant moins ou en offrant plus, mais n'a pas conduit à générer de nouvelles capacités.

Maintenant que les attentes sociales ne sont plus les mêmes, l'idée qu'on se fait de l'enseignement n'a pas nécessairement changé. Pourtant, le lien explicite entre l'enseignement et l'apprentissage s'établit progressivement.

En 1968, Rosenthal et Jacobson prétendaient, à la suite de leurs recherches, que des attentes plus élevées de la part des enseignantes ou des enseignants amélioraient les performances des élèves. Selon eux, un élève se comporterait en fonction de l'attente ou du jugement porté sur ses chances de succès par son professeur. On se souviendra que leur expérience consistait à annoncer à des institutrices que d'éminents chercheurs venaient de mettre au point un test « d'épanouissement » permettant d'identifier les élèves sur le point de faire de grands progrès intellectuels, alors qu'il ne s'agissait que d'un test d'intelligence peu connu. Après y avoir soumis tous les élèves, on indiquait à certaines institutrices des noms d'élèves qui étaient sur le point de s'épanouir intellectuellement, pronostic purement fantaisiste. On a pu, par la suite, vérifier que le quotient intellectuel des élèves ainsi désignés s'était élevé de façon significative dans les trois années qui suivirent. De plus, des progrès supérieurs à la moyenne étaient observés chez ces élèves en lecture et en mathématiques. Les résultats montraient de façon évidente que les enfants dont les institutrices attendaient des progrès les réalisèrent.

L'interprétation des résultats souleva une controverse. Il était impossible de déterminer si les enseignantes avaient effectivement traité les élèves désignés différemment des autres étant donné que les chercheurs n'avaient pas fait d'observation en classe. C'est pourquoi Thomas L. Good et Jere E. Brophy (1970) examinèrent de façon systématique le rôle des attentes des professeurs sur leur comportement en classe. Ils ont pu établir que les enseignantes et les enseignants modifient leur conduite face aux différents élèves. Cela s'observe dans les comportements suivants :

- On laisse les élèves faibles s'asseoir loin ou, dans un groupe, on crée des situations où il est plus difficile de les diriger ou de les traiter comme individus.
- On porte moins attention aux plus faibles dans les situations d'apprentissage (en maintenant moins de contact visuel, en leur souriant moins souvent).
- On demande moins souvent aux faibles de répondre aux questions ou encore de s'exprimer publiquement.
- On consacre moins de temps à répondre aux questions des plus faibles qu'à celles de ceux qui sont jugés plus forts.
- On coupe court aux situations d'échec, c'est-à-dire qu'on ne fournit pas de nouveaux indices et qu'on ne vérifie pas par de nouvelles questions le cheminement logique de l'élève faible.
- On critique plus souvent les élèves jugés faibles pour des réponses incorrectes.
- On louange les faibles moins souvent que les forts après des réponses correctes.
- On louange les faibles plus fréquemment que les forts pour des réponses marginales ou inadéquates.
- On donne une rétroaction moins juste et moins détaillée aux élèves faibles.
- On omet de fournir une rétroaction aux réponses des faibles plus fréquemment qu'on ne le fait pour celles des forts.
- On interrompt la performance des plus faibles plus souvent que celle des plus forts.

Ces observations montrent que le traitement des élèves en classe n'est pas uniforme : certains reçoivent plus d'attention, plus de considération, plus de temps. En fait, ce qui diffère, c'est la qualité de l'interaction établie entre les élèves et l'enseignante ou l'enseignant.

Les études mettant en évidence la relation enseignement-apprentissage se sont poursuivies pendant les années 70. Dans une revue traitant de ces études, Jere E. Brophy (1979) a dégagé les grands traits suivants :

- Les méthodes d'enseignement sont en relation directe avec l'apprentissage.

  Des divergences consistantes dans les pratiques d'enseignement expliquent que certaines enseignantes et certains enseignants favorisent les apprentissages scolaires beaucoup plus que d'autres.

- Dans l'enseignement, certaines façons de faire sont associées à la réussite de l'apprentissage.

  Bien qu'il n'existe pas de conduites appropriées à tous les cas, certains modèles d'enseignement sont généralement associés à la réussite des élèves.

- La conception de l'enseignante ou de l'enseignant face à son rôle influence l'efficacité de sa pratique.

  Les professeurs qui conçoivent leur intervention dans le cadre du programme d'études, qui s'organisent en fonction de ce qui est au programme et qui y consacrent la plus grande partie de leur temps démontrent une meilleure efficacité.

- L'habileté à organiser un environnement qui maintient les élèves dans des activités d'apprentissage est un facteur important.

  Les professeurs qui savent organiser leur cours de façon qu'il y ait le plus de temps possible consacré à l'activité d'apprentissage des élèves, en éliminant la perte de temps due à la confusion, aux transitions dans les activités et à la discipline, favorisent mieux l'apprentissage.

- L'habileté à diriger les activités d'apprentissage et à organiser l'étude est essentielle.

  Les situations d'apprentissage où l'enseignante ou l'enseignant dirige le cheminement des élèves sont plus favorables que les situations où les élèves doivent apprendre par eux-mêmes ou des autres élèves.

- La capacité d'organiser l'enseignement en fonction des élèves joue un rôle dans l'efficacité de l'enseignement.

  Lorsque ce sont les caractéristiques des élèves qui déterminent le rythme du déroulement du cours, l'importance de l'encadrement, la fréquence des rappels, l'introduction des défis nouveaux et la précision des critiques, on note que les progrès de l'apprentissage sont plus évidents.

Ces résultats de recherche montrent qu'il est faux de prétendre que les élèves peuvent apprendre sans les professeurs, même si tous les moyens matériels leur sont fournis. L'interaction entre les élèves et leur professeur est déterminante. Les recherches effectuées pendant les années 80 sur le professeur-expert et sur le processus cognitif ont permis de comprendre pourquoi. Dans une synthèse de la recherche sur l'enseignement collectif (non individualisé ou médiatisé), Barak V. Rosenshine (1986) a fait ressortir sept fonctions de l'enseignement :

- Faire le rappel des connaissances antérieures reliées aux apprentissages à faire.
- Établir les objectifs d'apprentissage et les rendre explicites.

- Présenter les éléments de connaissance nouveaux pour les élèves.
- Organiser et superviser des exercices d'application.
- Faire la correction des erreurs d'apprentissage observées.
- Donner des exercices autonomes (travaux, étude).
- Faire la synthèse de connaissances déjà acquises.

De ces travaux ressort la fonction de médiation de l'enseignement. Il ne s'agit pas seulement de transmettre des informations, mais surtout d'organiser des séquences d'activités qui permettent de guider l'apprentissage de façon à développer de nouvelles capacités de traitement de ces informations.

L'enseignement joue ainsi un rôle éducatif : il oriente la croissance en faisant acquérir de nouvelles capacités intellectuelles. Il a cependant un rôle que les autres activités éducatives n'ont pas : guider la reconstruction, chez les élèves, des capacités liées au savoir dans une diversité de disciplines. C'est là la fonction qu'il faut lui reconnaître.

La relation pédagogique

Si l'idée que le développement individuel est guidé par des facteurs biologiques et non sociaux élimine la portée réelle de la fonction d'enseignement, il est une autre idée, tout aussi fausse, qui déprécie l'enseignement : l'impression qu'on a que l'enseignement est une activité qui se limite à ce qui se passe en classe. On croit que les enseignantes et les enseignants travaillent peu parce qu'ils n'ont qu'un certain nombre d'heures par semaine de présence en classe et ce, pendant une trentaine de semaines par année. Enseigner, c'est ici « faire la classe », occuper des élèves pendant un certain nombre de périodes.

Toute personne ayant enseigné sait bien qu'il ne s'agit pas d'une activité spontanée, sans orientation. Parce que l'enseignement est une activité guidée par une intention (faire apprendre des choses précises), elle nécessite à tout le moins une préparation, l'interaction avec les élèves et une évaluation des résultats. Déjà, on constate que les tâches liées à l'enseignement débordent le cadre de la classe.

En définissant l'enseignement comme une transmission de ses connaissances personnelles et non comme un service rendu à une personne grâce à une relation organisée en vue de lui faire acquérir des capacités nouvelles, on retire cette activité du monde du travail. George Bernard Shaw disait que : « Celui qui est capable de faire quelque chose, le fait ; celui qui n'en est pas capable, l'enseigne. ». Mais enseigner, c'est faire quelque chose. C'est le faire plus ou moins bien, mais c'est le faire tout de même. Ce n'est pas savoir quelque chose et en parler. C'est savoir quelque chose ET faire en sorte que quelqu'un d'autre le connaisse également.

Enseigner, c'est essentiellement travailler à établir une RELATION d'un type particulier, la relation PÉDAGOGIQUE, une relation qui guide une personne dans l'acquisition de nouvelles capacités. Les tâches de l'enseignement sont toutes associées à la mise en œuvre de cette relation.

Pour qu'il y ait enseignement, il faut essentiellement qu'il y ait trois éléments en présence : un ÉLÈVE, une MATIÈRE et une ENSEIGNANTE ou un ENSEIGNANT. C'est cette « relation triadique » (Hyman, 1974) qui constitue le cœur de l'enseignement. Le système de tâches a pour fonction de mettre en relation dynamique ces trois éléments.

La relation pédagogique est établie grâce à trois relations distinctes, mais en interaction. Tout d'abord, une relation d'un type particulier s'établit entre l'enseignante ou l'enseignant et la matière à enseigner ; il s'agit de la relation didactique. Ensuite, une relation d'interaction s'établit entre l'enseignante ou l'enseignant et l'élève ; il s'agit de la relation d'enseignement proprement dite, la relation de médiation. Enfin, une relation directe entre l'élève et la matière ou les connaissances à acquérir doit s'établir, c'est la relation d'étude.

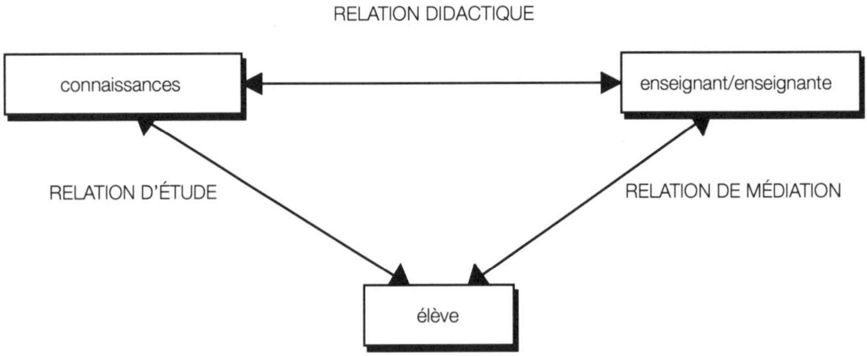

Les relations constituant l'enseignement.

La relation didactique

Déjà en 1904, Dewey soulignait l'importance du rôle de la connaissance de la matière dans l'enseignement. Il prétendait également que la connaissance savante de la discipline est différente de la connaissance nécessaire à l'enseignement. Aujourd'hui, on est de plus en plus conscient de l'importance de la connaissance disciplinaire pour les enseignantes et les enseignants (Schwab, 1978 ; Shulman, 1974 ; Buchman, 1982).

Sigmund Gudmundsdottir (1987) a étudié la différence qui existe entre la connaissance de la matière, telle qu'on la trouve chez les spécialistes, et la connaissance pédagogique de la matière, telle qu'on la trouve chez des enseignantes et des enseignants d'expérience. Ses travaux suggèrent que les enseignantes et les enseignants acquièrent une nouvelle compréhension de leur discipline lorsqu'ils ont à l'enseigner. Cette nouvelle compréhension influence leur enseignement. Ainsi, chez les enseignantes et les enseignants ayant peu d'expérience, leur formation universitaire précédente donne à leur enseignement une orientation particulière. Par exemple, un professeur dont la spécialité est l'anthropologie et qui se voit confier un cours où sont présentes des dimensions d'histoire, de sociologie ou de géographie aura tendance à ignorer les éléments étrangers à sa formation personnelle. Donc, on constate que les programmes sont toujours transformés par les enseignantes et les enseignants en fonction de leur maîtrise de la matière.

Toute préparation de cours comprend une phase de compréhension du programme, mais également une phase de transformation des données en vue de l'enseignement. Il y a toujours restructuration du contenu à des fins pédagogiques. Avec le temps, les enseignantes et les enseignants qui ont acquis de l'expérience élaborent des structures conceptuelles plus riches par le nombre et la cohérence des concepts utilisés (Roehler, 1987).

La relation qu'entretient une enseignante ou un enseignant avec la matière à enseigner diffère de la relation qu'entretient un spécialiste de cette matière. La relation didactique engendre un processus de réorganisation des connaissances à des fins pédagogiques. L'enseignante ou l'enseignant interroge les contenus disciplinaires en cherchant à trouver le meilleur chemin pour arriver à construire les connaissances touchées. Il ne se demande pas seulement : « Qu'est-ce que les élèves doivent apprendre ? ». Il se demande aussi : « Comment arrive-t-on à acquérir ces connaissances ? ».

L'organisation des contenus issue de la relation didactique génère les méthodes d'enseignement. Il est donc important de comprendre comment les enseignantes et les enseignants organisent les connaissances dans le but de les enseigner. C'est là tout le champ de la didactique.

La relation de médiation

Le savoir n'est pas quelque chose de préfabriqué. Chacun doit le reconstruire. L'élève doit être guidé dans la construction de son savoir. C'est la relation de médiation qui assure la qualité du cheminement de l'élève dans sa quête du savoir. Au cours de l'interaction qui s'établit entre l'enseignante ou l'enseignant et l'élève, on trouve des activités qui visent les processus intellectuels de pensée et de raisonnement. Hyman (1974) divise les activités de l'enseignante et de l'enseignant en deux catégories : les opérations logiques qui ont pour but l'activation des processus mentaux et les opérations stratégiques qui visent à influencer le cours de l'apprentissage de l'élève, à guider les activités intellectuelles.

OPÉRATIONS LOGIQUES	OPÉRATIONS STRATÉGIQUES
• Exposer • Définir • Expliquer • Comparer • Associer • Déduire • Conclure • Justifier • Etc.	• Questionner • Vérifier • Évaluer • Encourager • Attirer l'attention • Motiver • Etc.
Les opérations liées à la médiation.	

La relation de médiation exige l'établissement d'un processus très complexe qu'on commence à peine à comprendre et à étudier (Duffy et Roehler, 1986). On comprend maintenant que l'enseignement, c'est beaucoup plus que de faire accomplir des tâches aux élèves et de présenter des informations de façon logique. L'enseignement, c'est aussi une interaction cognitive entre une enseignante ou un enseignant et les élèves. La relation de médiation représente cet aspect de l'enseignement.

La relation d'étude

L'élève, dans le processus d'enseignement, est placé face à la matière à apprendre ; il est en relation d'étude. Il doit s'approprier cette matière, la comprendre et la connaître. Cette relation n'est pas facultative, car elle n'est pas extérieure au processus d'enseignement. Elle en fait partie intégrante et doit être prévue par l'enseignante ou l'enseignant.

La relation pédagogique est donc plus que la mise en présence d'un contenu disciplinaire, d'une enseignante ou d'un enseignant et d'un élève. C'est l'établissement d'une interaction entre eux. L'établissement de cette relation exige un grand nombre de connaissances et d'habiletés de la part de l'enseignante et de l'enseignant. Voici les sept sources de connaissances nécessaires à l'enseignement que Shulman (1987) a identifiées :

- ◆ LA CONNAISSANCE DU CONTENU
  connaissance et compréhension de la matière à enseigner ;

- ◆ LA CONNAISSANCE DIDACTIQUE
  amalgame de connaissances de la matière et de connaissances pédagogiques qui permet à l'enseignante et à l'enseignant d'organiser les connaissances de façon à faciliter l'apprentissage ;

- LA CONNAISSANCE DE LA PÉDAGOGIE GÉNÉRALE
  connaissance de diverses méthodes d'enseignement, de stratégies et d'activités ;
- LA CONNAISSANCE DES ÉLÈVES
  connaissance de ce qui caractérise les élèves et connaissance des processus d'apprentissage qu'ils utilisent (théories de l'apprentissage) ;
- LA CONNAISSANCE DES CONTEXTES
  connaissance de ce sur quoi l'enseignante et l'enseignant peuvent compter pour enseigner ;
- LA CONNAISSANCE DES BUTS, DES OBJECTIFS ET DES FINS
  connaissance de ce qui rend son enseignement nécessaire ;
- LA CONNAISSANCE DU PROGRAMME
  connaissance de l'articulation des divers éléments qui constituent le programme.

Ces connaissances doivent être intégrées dans le processus d'enseignement et exploitées grâce aux habiletés d'enseignement. Il s'agit donc d'une activité complexe qui exige un haut niveau de travail intellectuel.

L'activité d'enseignement peut être comprise dans un modèle systématique de tâches comme celui proposé par Jackson (1968). Il suggère de regrouper les diverses tâches accomplies par les enseignantes et les enseignants autour de trois grands moments : une phase de préparation ou phase PRÉACTIVE, une phase de mise en œuvre de la relation pédagogique ou phase INTERACTIVE et une phase de vérification des résultats, de correction de la méthode employée ou phase POSTACTIVE. Ce système pourrait être représenté ainsi :

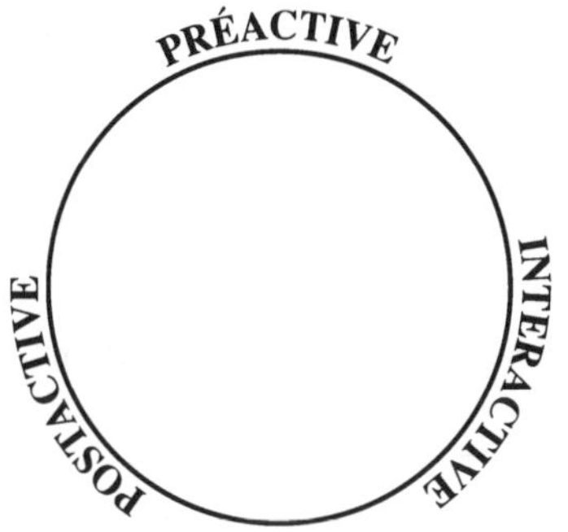

Les phases du processus d'enseignement selon Jackson.

On constate qu'il s'agit bien d'un système, c'est-à-dire que chaque ensemble de tâches ne se comprend que par rapport aux autres et non en lui-même. Ainsi, on n'évalue pas parce que c'est exigé par l'administration ou qu'il faut bien sélectionner. Il s'agit d'une tâche nécessaire au système comme toutes les autres tâches. De même, on prépare ses cours en tirant profit de son expérience passée et on intervient selon une méthode préalablement élaborée.

Durant la phase préactive, l'enseignante ou l'enseignant doit planifier son action et préparer les instruments dont il aura besoin pour la conduire. Logiquement, cette phase est préalable aux autres et la qualité des autres phases en dépendra. Bien que cette phase soit toujours présente dans l'enseignement, elle est en réalité, plus ou moins élaborée selon les ordres d'enseignement et le partage de la responsabilité de la préparation des cours. De plus, la planification et la préparation des cours varient selon la compréhension qu'a l'enseignante ou l'enseignant de son travail. Ainsi, réduite au minimum, cette phase peut prendre la forme d'une question que se pose l'enseignante ou l'enseignant avant de partir pour l'école : « Que vais-je faire aujourd'hui ? ». Par contre, l'enseignante ou l'enseignant qui sait quels apprentissages il désire faire réaliser aux élèves prendra une période beaucoup plus longue de préparation. Des habiletés spécifiques sont requises pour accomplir les tâches de préparation d'un cours. Cependant, si le seul problème qui se pose à l'enseignante ou à l'enseignant est d'occuper sa classe, d'accomplir sa tâche, il peut choisir des activités qui feront en sorte que tout se déroulera bien, mais qui ne feront peut-être pas en sorte que les élèves effectuent les apprentissages nécessaires à leur développement. Ici se pose le problème du choix de la méthode d'enseignement et de l'élaboration des instruments qu'elle commande pour être appliquée avec efficacité. On rencontre deux types de réponse à ce problème : une réponse intuitive ou une réponse systématique. L'approche intuitive regarde les activités en elles-mêmes tandis que l'approche systématique les choisit en fonction des conditions de l'enseignement et de l'apprentissage.

Pendant la phase interactive, l'enseignante ou l'enseignant doit conduire le processus d'enseignement en classe. Il entre alors en interaction avec les élèves et guide leur apprentissage. Il est inévitable que les élèves interprètent de manières différentes ce qui leur a été présenté. L'enseignante ou l'enseignant doit donc pouvoir connaître en cours de route comment l'élève construit sa connaissance et intervenir pour corriger le parcours, au besoin. Cette activité de construction du savoir ne se limite pas à la présentation d'un contenu bien structuré; elle comprend des questions, des exemples, des exercices, des travaux, etc. Encore là, des habiletés spécifiques touchant ces tâches sont nécessaires.

Enfin, au cours de la phase postactive, l'enseignante ou l'enseignant évalue les résultats du processus et en tient compte pour modifier sa nouvelle préparation. Ainsi, il tire profit de son expérience. Cependant, cela exige qu'il développe les habiletés nécessaires à une évaluation de qualité.

Par ce cadre de référence, Jackson a attiré l'attention des chercheurs sur l'importance de décrire les processus de pensée et de planification des enseignantes et des enseignants afin de comprendre les événements observés en classe. Pour lui, l'aspect « caché » de l'enseignement était essentiel pour améliorer notre compréhension des aspects les plus visibles. Aujourd'hui, on est convaincu que les structures cognitives des enseignantes et des enseignants peuvent avoir des conséquences pédagogiques importantes.

L'enseignement : un ensemble de tâches

L'établissement des diverses relations ne peut se faire que par l'accomplissement des différentes tâches liées au système des tâches d'enseignement. Ces tâches ne sont pas toutes accomplies par chaque enseignante ou enseignant. Il y a une répartition de celles-ci entre divers spécialistes et les enseignantes et les enseignants qui interviennent directement en classe. Cette répartition des tâches varie selon le système d'enseignement et les ordres d'enseignement (primaire, secondaire, supérieur). Voyons en quoi consistent ces tâches.

Les tâches liées à la phase préactive

Dans la phase de préparation, il faut concevoir, planifier et organiser l'établissement des différentes relations. Aussi, la première tâche consiste à concevoir la méthode d'enseignement, c'est-à-dire à élaborer les stratégies de didactique (la séquence des contenus), de médiation (les activités de la classe) et d'étude (les travaux autonomes). Une partie de cette tâche est habituellement confiée à des spécialistes, sauf pour l'enseignement supérieur. Ensuite, il faut faire la planification de l'enseignement, c'est-à-dire distribuer dans le temps alloué les activités prévues par la méthode. Puis, pour chacune des périodes de rencontre, il faut choisir ou élaborer les instruments pédagogiques nécessaires. Enfin, avant chacune des interventions, il faut faire une préparation immédiate : se situer dans la méthode, revoir le déroulement de la rencontre et vérifier l'état de l'instrumentation.

La phase préactive exige un travail considérable. On peut difficilement concevoir qu'une enseignante ou un enseignant seul développe toutes les habiletés requises par la conception de méthodes, la planification et la création de matériel d'enseignement. C'est pourquoi l'enseignement connaît aussi ses spécialistes.

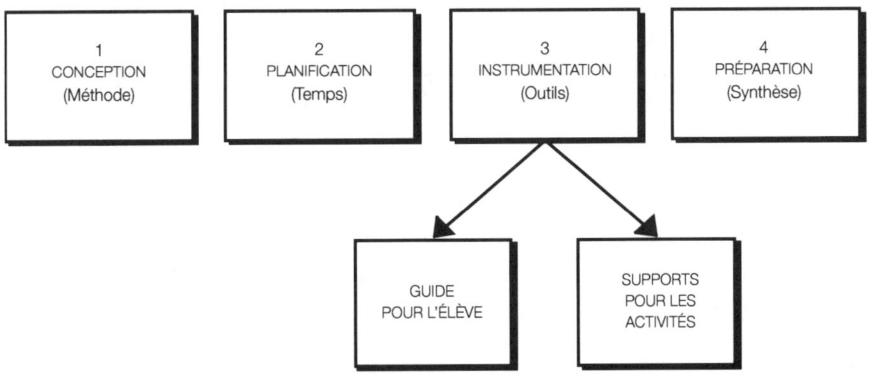

Les tâches liées à la phase préactive.

Les tâches liées à la phase interactive

En rassemblant les idées de plusieurs recherches sur l'interaction maître-élève dans le contexte d'un enseignement explicite dispensé par des enseignantes et des enseignants d'expérience, Rosenshine (1986) a regroupé les activités généralement menées en six fonctions : révision, présentation de nouvelles matières, exercice guidé, rétroaction et correction, exercice autonome et synthèse périodique. De telles fonctions ont également été identifiées par Good et Grows (1979) ainsi que Russell et Hunter (1981). Considérées comme une séquence, ces fonctions rappellent les événements d'enseignement de Gagné (1976) :

Le rappel des apprentissages antérieurs signifiants

Les enseignantes et les enseignants expérimentés débutent leurs cours par la révision d'éléments précédemment enseignés, la correction de devoirs ou de travaux et le rappel des connaissances reliées aux nouveaux apprentissages.

La détermination des objectifs

Pour apprendre, il faut vouloir développer les capacités nécessaires à l'accomplissement d'une tâche ou à une performance quelconque. Ainsi, ayant vu un certain film, on s'inscrira à un cours de judo afin d'arriver à exécuter les prouesses qui nous ont impressionnés. Après avoir assisté à un spectacle où le chanteur suscitait l'admiration, on se mettra, comme lui, à gratter la guitare et à chanter. Pour apprendre, il faut avoir un PROJET. Les démarches qui seront entreprises ensuite (écoute, exercices, etc.) le seront en fonction de ce projet et des résultats que l'on vise. Une des fonctions de l'enseignante et de l'enseignant, c'est de faire prendre conscience aux élèves de certains besoins, de les mettre en situation de vouloir apprendre, de leur permettre de se donner des objectifs dont l'atteinte sera évaluée lors des examens. Il ne suffit pas ici d'énoncer des objectifs préfabriqués. Il faut placer les élèves devant une performance désirable et leur suggérer cette performance comme projet d'apprentissage.

La présentation des nouveaux éléments d'apprentissage

Les recherches effectuées sur l'enseignement efficace des mathématiques (Evertson et al., 1980; Good et Grows, 1979) montrent que les enseignantes et les enseignants qui réussissent le mieux passent plus de temps que les autres à présenter la nouvelle matière et à superviser des exercices. Ils donnent plus d'explications, plus d'exemples, font plus de vérifications de la compréhension des élèves et font en sorte que les élèves aient tous les éléments qui leur permettent de faire les exercices avec le minimum de difficulté.

Lors de la présentation d'éléments nouveaux, l'enseignante ou l'enseignant doit centrer l'attention des élèves sur ce qu'ils ont à apprendre. Ceci constitue l'énoncé des objectifs. Ensuite, il donne une présentation ordonnée des divers éléments de la leçon. En utilisant des exemples, l'enseignante ou l'enseignant réduit les interprétations ambiguës de la part des élèves.

En vérifiant régulièrement la compréhension des élèves par des questions ou des résumés de la présentation faits par les élèves, en engageant les élèves à donner leur point de vue sur ce qui vient d'être enseigné, les enseignantes et les enseignants s'assurent que les élèves sont sur la bonne voie dans leur démarche d'apprentissage.

Les exercices supervisés

Selon le degré de difficulté des éléments de la présentation, les enseignantes et les enseignants organisent, à des intervalles plus ou moins rapprochés, des exercices qu'ils guident et supervisent. Ceci fournit l'occasion aux élèves d'exercer progressivement les habiletés nécessaires, de faire passer les éléments nouvellement acquis de la mémoire de travail à la mémoire à long terme et de se constituer des schémas opératoires.

L'exercice est essentiel à l'apprentissage et les enseignantes et les enseignants efficaces savent organiser les exercices nécessaires. Ils profitent de la supervision de ces exercices pour trouver les défauts d'apprentissage des élèves et pour les engager dans un questionnement cognitif qui leur permettra de poursuivre adéquatement leur démarche d'apprentissage.

L'élaboration du savoir suppose l'exercice engagé des élèves dans le traitement des nouvelles données d'apprentissage. Les exercices supervisés font partie des moyens pour impliquer les élèves dans l'apprentissage.

L'enseignement correctif

Lors de l'enseignement correctif, l'enseignante ou l'enseignant explique pourquoi certaines performances sont justes et pourquoi certaines autres ne correspondent pas aux attentes. À cette occasion, l'enseignante ou l'enseignant fournit de nouveaux indices cognitifs qui guident l'apprentissage.

Les exercices autonomes

Les exercices supervisés ont permis aux élèves d'acquérir les capacités nouvelles. Les exercices autonomes permettent de dépasser l'hésitation encore présente et d'acquérir le niveau d'aisance nécessaire à la maîtrise des apprentissages. Ainsi, l'élève arrive à un niveau d'autonomie visé par le processus d'enseignement.

Les exercices autonomes sont profitables lorsque les consignes sont claires, lorsque l'enseignante ou l'enseignant s'est assuré d'un bon départ dans l'exécution de la tâche et lorsqu'une supervision minimale est garantie afin d'éviter les blocages en cours de route.

Les synthèses périodiques

L'apprentissage n'étant pas une activité automatique, l'enseignement ne peut être fait une fois pour toutes. Les activités de révision de la matière déjà vue favorisent l'intégration des savoirs. C'est l'occasion de rendre explicites les liens entre diverses connaissances. Il arrive donc qu'un cours ne contienne pas de connaissances nouvelles mais qu'il organise ces connaissances de façon à établir des relations nouvelles entre elles. Cela permet d'aborder des problèmes de plus en plus complexes faisant appel à plusieurs savoirs. Ces occasions de synthèse semblent permettre de meilleurs résultats aux examens (Kulik et Kulik, 1979).

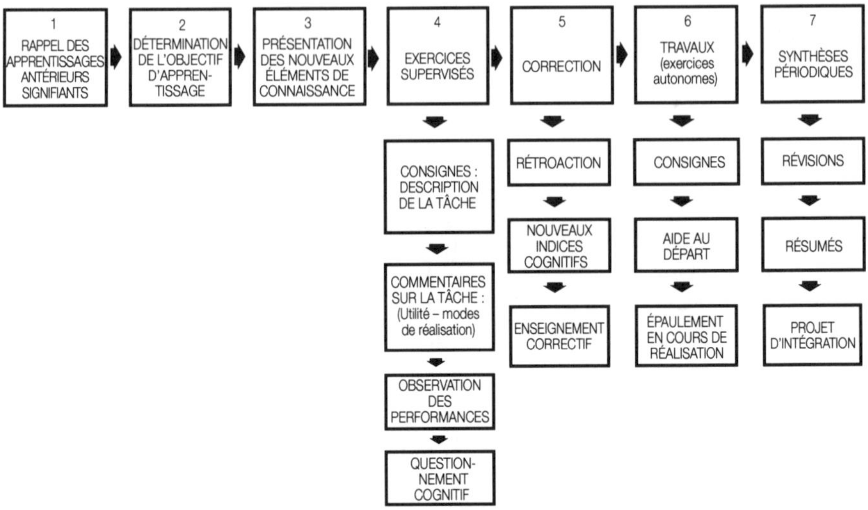

Les tâches liées à la phase interactive.

Les tâches liées à la phase postactive

Un ensemble de tâches sont également associées à la phase postactive. Tout d'abord, il faut élaborer des instruments de mesure, c'est-à-dire concevoir une stratégie pour recueillir les informations nécessaires à un jugement le plus objectif possible sur la justesse des apprentissages effectués. À partir des activités d'apprentissage, il faut trouver des comportements pouvant témoigner de l'acquisition des capacités visées par les processus d'apprentissage. Il faut formuler ces comportements de façon opérationnelle. Enfin, l'enseignante ou l'enseignant doit classer les comportements possibles selon leur degré de difficulté et la nature des apprentissages qu'ils permettent de vérifier.

Afin de préparer les instruments nécessaires à l'opération d'évaluation, l'enseignante ou l'enseignant doit faire un choix de comportements, établir une pondération sur la base de critères qualitatifs ou quantitatifs, rédiger les consignes et les questions d'examens et enfin, produire l'instrument dans sa forme définitive.

Lors de l'opération d'évaluation, l'enseignante ou l'enseignant doit superviser le travail des élèves afin d'assurer la fiabilité de la mesure qui sera obtenue, mais aussi pour vérifier la facilité d'utilisation de son instrument et corriger, au besoin, des erreurs qui auraient pu se glisser.

Ayant les copies des élèves, l'enseignante ou l'enseignant doit en faire la correction. Il effectue alors la notation et l'annotation des copies afin de faciliter à l'élève l'interprétation des résultats. De plus, en se fondant sur les résultats, il doit porter un jugement et prendre les décisions nécessaires concernant la poursuite de l'apprentissage. Finalement, il doit communiquer sa décision aux élèves et aux autres personnes concernées.

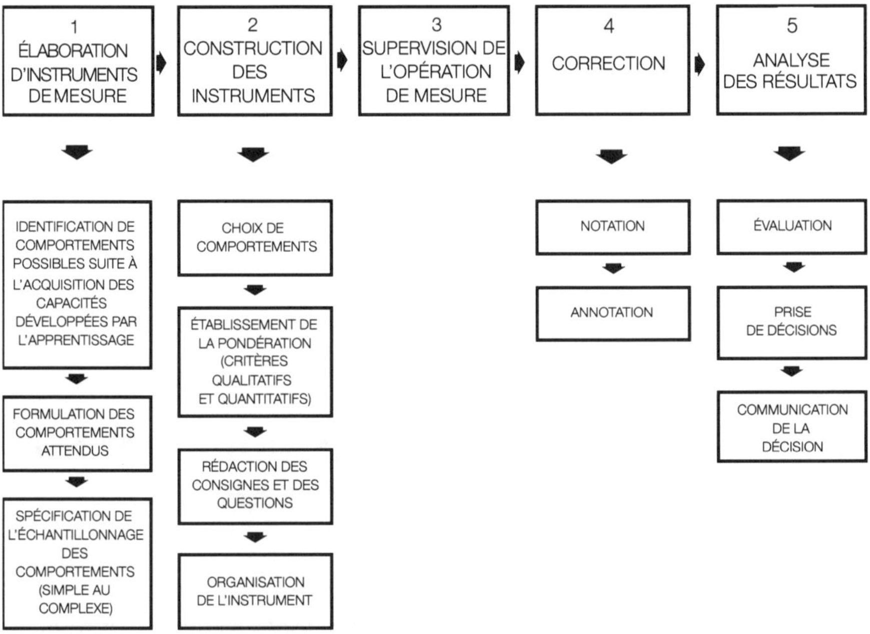

Les tâches liées à la phase postactive.

Il y a donc, pour chacune des phases de l'enseignement, un ensemble de tâches à accomplir pour assurer la mise en œuvre et le déroulement de la relation pédagogique dans ses trois dimensions de didactique, de médiation et d'étude. Nous avons vu les tâches essentielles liées à chacune de ces phases. Il devient évident que pour les accomplir, l'enseignante ou l'enseignant doit développer un ensemble de capacités propres à l'enseignement. Il devient évident que la maîtrise de la matière à enseigner n'est qu'un point de départ du développement des compétences particulières aux enseignantes et aux enseignants.

PHASES	SÉQUENCES DES TÂCHES
PRÉACTIVE	• CONCEPTION • PLANIFICATION • INSTRUMENTATION • PRÉPARATION
INTERACTIVE	• RAPPEL DES APPRENTISSAGES ANTÉRIEURS SIGNIFIANTS • DÉTERMINATION DE L'OBJECTIF D'APPRENTISSAGE • PRÉSENTATION DES NOUVEAUX ÉLÉMENTS DE CONNAISSANCE • EXERCICES SUPERVISÉS • CORRECTION • TRAVAUX (EXERCICES AUTONOMES) • SYNTHÈSES PÉRIODIQUES
POSTACTIVE	• ÉLABORATION D'INSTRUMENTS DE MESURE • CONSTRUCTION DES INSTRUMENTS • SUPERVISION DE L'OPÉRATION DE MESURE • CORRECTION • ANALYSE DES RÉSULTATS

Tableau-synthèse des tâches d'enseignement.

Des études actuelles montrent qu'il existe des différences importantes entre une aspirante ou un aspirant à l'enseignement, quelqu'un qui fait occasionnellement de l'enseignement et une enseignante ou un enseignant d'expérience (Berliner, 1986). Ces études permettront de mettre en lumière le rôle de l'expérience dans l'évolution des habiletés d'enseignement.

Des distinctions dans la signification du terme « enseignement »

Lorsqu'on parle d'enseignement, on peut faire référence à des réalités diverses. En tant qu'occupation, l'enseignement regroupe un ensemble important d'activités. Nous distinguons trois niveaux importants de signification de ces activités.

Les activités professionnelles

Comme occupation organisée et rémunérée, l'enseignement comprend des activités sociales qui regroupent des personnes, des activités syndicales qui régissent les rapports avec l'employeur, des activités éducatives exigées par la participation à la vie d'un établissement scolaire, des activités départementales qui visent la coordination du travail des professeurs et finalement, l'ensemble des activités propres à l'exercice de la fonction d'enseignement. Parler d'enseignement, c'est parler de cette réalité complexe du travail d'une enseignante et d'un enseignant. Cependant, afin de dégager un cadre conceptuel pouvant guider la fonction d'enseignement, il faut s'en tenir au dernier groupe d'activités.

Les activités d'enseignement

Au cœur des activités professionnelles, il y a les activités d'enseignement proprement dites. Nous avons décrit ces activités lors de la présentation des trois phases nécessaires à l'établissement de la relation pédagogique.

Les activités de médiation

Souvent, le terme « enseignement » désigne les activités où l'enseignante ou l'enseignant est en interaction directe avec l'élève. Nous les avons appelées activités de médiation. Ces activités sont au cœur de l'enseignement et de l'engagement professionnel. Cependant, elles ne peuvent suffire à la description de l'enseignement. C'est pourquoi, à partir de la fonction d'enseignement, plutôt que de son exercice, il est plus facile de saisir quels sont les éléments constitutifs de l'enseignement et comment ceux-ci s'organisent. Ainsi, il est possible d'abandonner l'approche intuitive pour aborder une approche plus scientifique.

Ces distinctions étant posées, il devient clair que la psychopédagogie ne s'intéresse qu'aux activités de l'enseignante et de l'enseignant qui ont pour fonction l'établissement de la relation pédagogique.

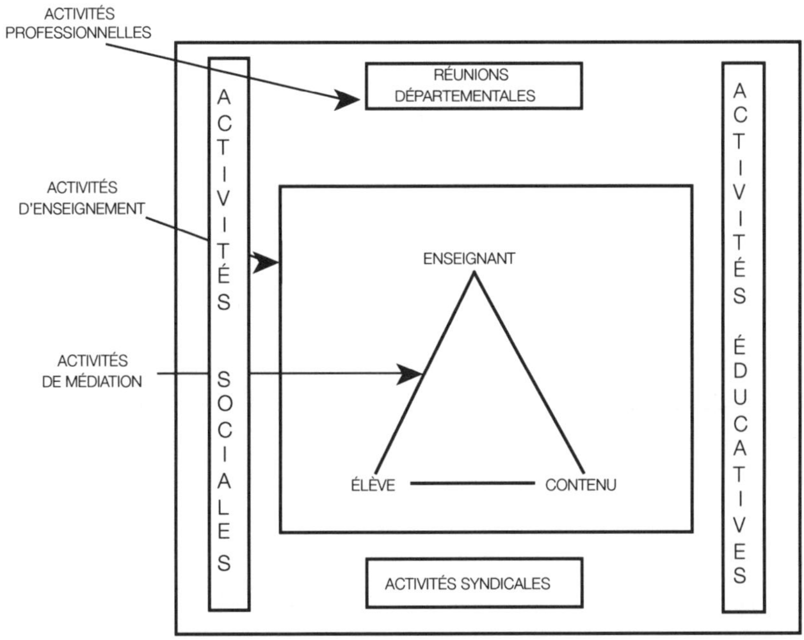

Différents niveaux de signification du terme « enseignement ».

Les effets de l'enseignement

L'enseignement consiste à établir une RELATION. Cependant, cette relation est caractérisée par son objectif : modifier l'appareil de traitement de l'information d'une personne grâce à l'appropriation de capacités nouvelles associées à un CONTENU disciplinaire. L'effet escompté n'est donc pas d'avoir « vu » un contenu, mais bien d'avoir acquis des capacités nouvelles de traitement de l'information.

Comme le processus de modification de l'appareil de traitement de l'information, appelé apprentissage, est actif chez la personne qu'on veut voir progresser, il est impossible de penser à une relation CAUSE-EFFET. Comme pour toute discipline qui cherche à influencer un processus propre à un autre organisme vivant, il faut penser à l'enseignement comme à une activité de COOPÉRATION. Il s'agit d'établir des méthodes qui activent et guident le *processus* de modification des structures de connaissances de la personne. L'essentiel de l'enseignement se situe donc dans le rapport entre ce que fait l'enseignante ou l'enseignant et ce que fait l'élève comme apprentissage. Haysom (1985) représente cela ainsi :

Le cœur de l'enseignement

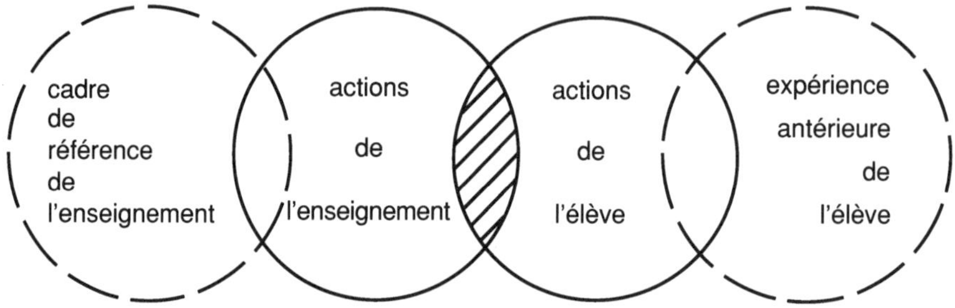

D'après John Haysom, *Inquiring into the Teaching Process*, Toronto, OISE, 1985, p. 19.

Les effets de l'enseignement ne sauraient donc être automatiques comme si on agissait sur de la matière inerte. De même, dans les autres disciplines de coopération (agriculture, médecine, psychologie, etc.), les effets résultent toujours de l'ordre de l'amélioration du rendement : un plus grand nombre de personnes devraient pouvoir apprendre des connaissances plus complexes.

Nous pouvons constater ces effets par le niveau des élèves qui ne baisse pas puisque le niveau des programmes augmente et qu'un plus grand nombre d'élèves arrivent à terminer leurs études.

Conclusion

Les enseignantes et les enseignants ont un champ de compétence qui leur est propre : faire faire des apprentissages qui modifient les capacités intellectuelles des gens. Ceci exige d'eux un grand nombre de compétences : des compétences de médiation, liées à l'interaction cognitive avec les élèves, et des compétences d'organisation de l'étude, liées au travail personnel des élèves. Ces compétences méritent d'être reconnues et appréciées non seulement par les professeurs, mais également par tous ceux qui ont profité de leurs services.

CONCLUSION GÉNÉRALE

Les élèves apprendront-ils vraiment ?

On dit parfois qu'il n'existe pas d'enfants prodiges mais des parents prodiges, des parents qui arrivent à faire en sorte que leurs enfants dépassent le niveau habituel de développement dans certains domaines. De même, il existe des professeurs qui savent se libérer d'une routine de travail pour amener leurs élèves à faire des choses qui contribuent au développement de leurs capacités. L'exposé magistral, bien qu'il soit un élément indispensable à l'enseignement, n'arrive pas à engager les élèves dans tout ce qu'ils doivent faire pour développer leurs capacités.

Bien des professeurs considèrent leur tâche comme ingrate et peu valorisante. Ils ont l'impression, comme Sisyphe, d'être condamnés à rouler éternellement un énorme rocher jusqu'au sommet d'une montagne d'où il retombe aussitôt dans la vallée. Cette impression vient sûrement du fait qu'ils recommencent chaque année ou chaque trimestre avec des élèves qui sont « au bas de la pente ». Le travail de Sisyphe est un travail qui se défait et qu'il faut sans cesse recommencer. Or, le travail du professeur, s'il respecte le processus d'apprentissage, n'est pas à refaire : il pose les assises sur lesquelles d'autres développements pourront se faire.

Nous avons examiné, dans ce livre, certaines exigences permettant aux élèves d'apprendre, grâce à l'enseignement. L'exigence fondamentale, ici, était qu'on ne se contente pas de l'exposé comme seule activité d'enseignement. Il faut situer cette exigence dans l'ensemble des conditions d'efficacité de l'enseignement.

Robert E. Slavin (1987) a présenté une théorie simple des conditions d'efficacité d'un système d'enseignement. Examinons les quatre facteurs qu'il retient. Cela nous permettra de mieux évaluer le problème de l'efficacité relative de l'enseignement.

La qualité de l'enseignement

Pour être efficace, l'enseignement doit être de qualité. Il ne doit pas être conçu comme une démonstration du savoir du professeur, mais comme l'apport des informations dont les élèves ont besoin pour effectuer les apprentissages nécessaires au développement de capacités voulues. Ceci étant admis, l'enseignement de qualité présente, selon la recherche, les caractéristiques suivantes :

- des présentations structurées ;
- des indications claires lorsqu'il y a changement d'objet d'étude ;
- des exemples assez nombreux et des images frappantes ;
- des reformulations fréquentes des principes essentiels ;
- des liens entre ce qu'il y a à apprendre et l'état actuel des connaissances des élèves ;
- des interventions du professeur afin d'influencer la démarche de l'élève ;
- des objectifs explicites ;
- des liens évidents entre l'apprentissage et l'évaluation ;
- des contrôles du niveau de maîtrise de l'élève ;
- des rétroactions sur les performances des élèves ;
- des connaissances assez nombreuses pour garder en éveil.

Ce premier facteur montre que ce qui est premier dans un établissement d'enseignement, c'est l'activité de ses professeurs. Les programmes les plus cohérents, les ateliers les mieux équipés, les locaux les plus luxueux, tout cela est au service des enseignantes et des enseignants. C'est la qualité de ce qu'ils font qui influence l'élève.

Le niveau des élèves

On comprend assez facilement qu'il ne suffit pas que l'enseignement soit de qualité pour qu'il soit efficace. En effet, le meilleur cours universitaire offert en maternelle aurait bien peu de chances de faire progresser les élèves : c'est l'évidence. Voici quelques problèmes posés par le contrôle du niveau :

- l'organisation des programmes d'enseignement en fonction de la progression réelle des élèves ;
- l'établissement des capacités initiales des élèves à qui l'on enseigne ;
- l'arrimage des divers ordres d'enseignement : primaire, secondaire, collégial, universitaire ;

- l'évaluation sommative des capacités permettant réellement la poursuite des études ;
- le regroupement des élèves selon leur niveau d'habiletés, de façon à pouvoir leur offrir un enseignement collectif approprié;
- l'organisation du regroupement momentané des élèves ayant des difficultés particulières, de façon à corriger celles-ci avant la poursuite des activités d'apprentissage.

Le contexte de l'enseignement collectif indifférencié oblige à une réflexion sérieuse sur nos modes de regroupement des élèves et sur le processus d'évaluation sur lequel s'appuie ce regroupement. C'est là un problème important de l'organisation du cheminement scolaire qui affecte grandement l'efficacité de l'enseignement. L'enseignement ne peut être efficace que s'il est organisé en fonction des élèves à qui il s'adresse ; il revient autant aux professeurs qu'aux concepteurs de programmes d'études et aux administrateurs scolaires de faire en sorte qu'il en soit ainsi.

Sur la question du niveau des élèves, il faut arriver à dépasser les impressions. Cela n'est pas facile. Il nous faut utiliser des instruments de mesure du niveau scolaire pour arriver à faire des regroupements qui rendent possible un enseignement collectif de qualité. Or, la notion de niveau est trop globale pour que nous puissions établir quelles peuvent être les exigences de l'enseignement. La définition et l'organisation des objectifs pédagogiques adaptés aux élèves restent un défi important lancé à la pédagogie d'aujourd'hui.

La durée

Un enseignement de qualité offert à des élèves ayant un niveau de développement approprié pour en tirer profit ne serait possiblement pas efficace si ces élèves ne disposaient pas du temps nécessaire aux apprentissages visés.

Avant de songer à la prolongation du temps de cours, il faut s'assurer que le temps alloué est effectivement consacré à l'apprentissage. On remarque que les professeurs d'expérience savent mieux profiter du temps d'enseignement dont ils disposent que les novices dans la profession. On peut donc tirer profit de l'expérience et apprendre comment mieux gérer le temps d'enseignement. Par ailleurs, les professeurs doivent développer leur capacité d'influencer l'organisation du temps que consacrent les élèves à l'étude par un meilleur choix des activités d'apprentissage, par une meilleure planification des divers travaux et des examens et par l'amélioration des documents fournis aux élèves pour guider l'étude.

Certains apprentissages ne peuvent être finis qu'après plusieurs cours. Il importe que les professeurs assurent la poursuite de l'apprentissage jusqu'à un niveau suffisant. Cela nécessite de la concertation.

L'engagement

Ce n'est pas le médecin qui guérit, c'est le patient. Ce n'est pas le professeur qui fait les apprentissages, c'est l'élève. Inévitablement, pour être efficace, l'enseignement doit amener l'élève à s'engager dans le processus d'apprentissage. Une bonne part de l'activité d'apprentissage est intérieure à l'élève.

Qu'est-ce qui incite à l'engagement personnel ? L'intérêt. Il faut mettre en valeur les objets d'apprentissage proposés aux élèves. Cela peut se faire par une série de mesures :

- la présentation de situations susceptibles d'éveiller la curiosité;
- l'engagement du professeur par le questionnement ;
- la possibilité de succès grâce à l'étude ;
- l'évaluation sur une base de progrès personnels ;
- la réaction du professeur face aux résultats obtenus.

En somme, l'engagement de l'élève dans l'étude ne dépend pas seulement d'une disposition générale de celui-ci qu'on appelle communément la motivation. Son engagement dépend surtout de l'adéquation du rapport entre les caractéristiques de l'enseignement qui guide ses apprentissages et ses caractéristiques personnelles.

Ce survol des conditions d'efficacité de l'enseignement laisse voir que la pratique de l'enseignement n'a pas ce caractère « privé », caractéristique de certaines professions libérales. En fait, « mon cours » se situe dans un programme dispensé dans un établissement qui fait partie d'un système d'enseignement situé au cœur de l'activité éducative d'une société. Ce caractère systémique oblige à la concertation.

L'efficacité absolue des interventions d'enseignement n'est certainement pas possible. Une plus grande efficacité, par contre, est possible grâce au contrôle de chacune des variables de qualité, de niveau, de durée et d'engagement. Si les enseignantes et les enseignants ont peu de prise sur la durée et le niveau, ils peuvent par contre contribuer grandement à l'amélioration de la qualité et de l'engagement des élèves. Or des efforts en ce sens sont impensables tant que cette simple question n'est pas posée : « Moi j'enseigne, mais eux apprennent-ils ? ».

Références bibliographiques et lectures suggérées

ABRAMI, P.C., LEVENTHAL, L. et PERRY, R.P., « Educational Seduction », dans *Review of Educational Research*, vol. 52, 1982, p. 446-462.

AKIN, O., *Models of Architectural Knowledge*, London, Pion, 1981.

ANDERSON, J.R., (ed) *Cognitive Skills and their Acquisition*, Hillsdale, N.J., Lawrence Erlbaum Associates, 1981.

ANDERSON, R.C., et HIDDE, J.L., « Imagery and Sentence Learning », dans *Journal of Educational Psychology*, vol. 62, 1971, p. 81-94.

ANDREWS, L.0., « A Curriculum to Produce Career Teachers for the 1980's », dans *Theory into Practice*, Special 25th Anniversary Issue 1962-1987, 1987, p. 502-511.

AUSUBEL, D., « In Defense of Advance Organizers : A Reply to the Critics ». dans *Review of Educational Research*, vol. 48, 1978, p. 251-257.

AUSUBEL, D., NOVAK, J., et HANESIAN, H., *Educational Psychology* : *A Cognitive View*, New York, Holt Rinehart and Winston, 1978.

AUSUBEL, D.P., *The Psychology of Meaningful Verbal Learning* : *An Introduction to School Learning*, New York, Gruene and Stratton, 1963.

BELGARD M., ROSENSHINE, B., et GAGE, N.L., « Effectiveness in Explaining : Evidence on its Generality and Correlation with Pupil Rating », dans I. WESTBURY, A. BELLACK (ed.) *Research into Classroom Processes*. New York, Teachers College Press, 1971.

BERBAUM, J., *Développer la capacité d'apprendre*, Paris, ESF éditeur, col., *Pédagogies*, 1991, p. 21.

BERLINER, D.C., « In Pursuit of the Expert Pedagogue », dans *Educational Researcher*, vol. 15, n° 6, août-septembre 1986, p. 5-13.

BERLINER, D.C., *Talks to Teachers*, New York, Random House, 1987.

BLOOM, B.S., *Developing Talent in Young People*, New York, Ballantine Books, 1985.

BOURJOLLY, J.M., « Une approche algorithmique des mathématiques enseignées au niveau collégial », dans *Pédagogie collégiale*, Collège de Sorel-Tracy, 1984.

BOURNE, L.E., DOMINOWSKI, R.L., et LOFTUS, E.F., *Cognitive Processes*, Englewood Cliffs, N.J., Prentice-Hall, 1979.

BRANSFORD, J.D., et JOHNSON, M.K., « Contextual Prerequisites of Comprehension and Recall », dans *Journal of Verbal Learning and Verbal Behaviour*, vol. 11, 1972, p. 717-726.

BROPHY, J.E., « Teacher Behavior and its Effects », dans *Journal of Educational Psychology*, vol. 71, 1979, p. 733-750.

BROPHY, J.E., « Teacher Behavior and Student Achievement », dans *Wittrock*, M.C. (ed.), *Handbook of Research on Teaching*, New York, MacMillan Publishing Company, 1986, p. 363-364.

BROSSARD, L., « C'est le rapport que nos professeurs entretenaient avec la connaissance qui nous a permis d'aller plus loin. » Table ronde avec des enseignants et des enseignantes, dans *Vie pédagogique*, n° 84, mai-juin 1993, p. 18-21.

BROWN, G., *Bien faire un cours, un exposé, une conférence*, Paris, Les Éditions d'organisation, 1981 (1978).

BUCHMANN, M., « The Flight Away from Content in Teacher Education and Teaching », dans *Journal of Curriculum Studies*, vol. 14, n° 1, 1982, p. 61-68.

CASSIRER, E., *Language and Myth*, New York, Dover, 1946.

CHAMBON, P., « Nous inventons nos souvenirs », dans *Sciences et Avenirs*, n° 524, octobre 1990.

CHANGEUX, J.P., *L'homme neuronal*, Paris, Fayard, 1983, p. 329.

CHICKERING, A.W., et GAMSON, Z.F., ed. « Applying the Seven Principles for Good Practice in Undergraduate Education », dans *New Directions for Teaching and Learning*, vol. 47, automne 1991.

CLARK, C.M., et PETERSON, P.E., « Teacher's Thought Processes », dans Wittrock, M.C. (ed.), *Handbook of Research on Teaching*, New York, MacMillan Publishing Company, 1986, p. 255-296.

COOLEY, W.W., et LEINHARDT, G., « The Instructional Dimensions Study », *Educational Evaluation and Policy Analysis*, vol. 2, 1980, p. 7-25.

COOPER, H., « Synthesis of Research on Home-work », dans *Educational Leadership*, vol. 47, n° 3, novembre 1989, p. 85-91.

COTÉ, R.L., *Psychologie de l'apprentissage et enseignement*, Chicoutimi, Gaëtan Morin, 1987, p. 175.

DALIS, G.T., « Effect of Precise Objectives upon Student Achievement in Health Education », dans *Journal of Experimental Education*, vol. 39, 1970, p. 20-23.

DEVELAY, M., *De l'apprentissage à l'enseignement. Pour une épistémologie scolaire*, Paris, ESF éditeur, 1992.

DOYLE, W., *The Tasks of Teaching and Learning in Classrooms*, Austin, Texas University, Research and Development Center for Teacher Education, 1979.

DRUCKER, P., dans REINGOLD, E., « Facing the "New and Dynamic" » *Time*, 22 janvier 1990, p. 42-43.

DUFFY, G.G., et ROEHLER, L.R. « The Subtleties of Instructional Mediation », dans *Educational Leadership*, vol. 43, n° 7, avril 1986, p. 23-27.

EGAN, D.E., et SCHWARTZ, B.J., « Chunking in Recall of Symbolic Drawings », dans *Memory and Cognition*, vol. 7, 1979, p. 149-159.

ELLIOTT, J., *Developing Hypothesis about Classrooms from Teacher's Practical Constructs*, Grand Forks, North Dakota Study Group on Evaluation, University of North Dakota, 1976.

EVERTSON, C.E., EMMER, E.T., et BROPHY, J.E., « Predictors of Effective Teaching in Junior High Mathematics Classrooms », dans *Journal Research in Mathematics Education*, vol. 11, 1980, p. 167-178.

FONG, B., « Commonplaces about Teaching : Second Thoughts », dans *Change*, vol. 19, n° 4, juillet-août 1987, p. 28-34.

FORTIN, C., et ROUSSEAU, R., *Psychologie cognitive, une approche de traitement de l'information*, Sillery, Québec, Presses de l'Université du Québec, 1989.

FRIEZE, I.H., « Causal Attributions and Information Seeking to Explain Success and Failure », dans *Journal of Research in Personality*, vol. 10, 1976, p. 293-305.

GAGNE, E.D., *The Cognitive Psychology of School Learning*, Boston, Little, Brown and Company, 1985.

GAGNÉ, R., *Les principes fondamentaux de l'apprentissage*, Montréal, Les Éditions HRW ltée, 1976.

GARDNER, H., *Frames of Mind : The Theory of Multiple Intelligences*, New York, Basic Books, 1983.

GIORDAN, A., et DE VECCHI, G., *Les origines du savoir. Des conceptions des apprenants aux concepts scientifiques*, Neuchâtel, Delachaux et Niestlé, 1987.

GOOD, T., et BROPHY, J., *Looking in Classrooms*, New York, Harper and Row, 1970.

GOOD, T., et GROWS, D., «The Missouri Mathematics Effectiveness Project: An Experimental Study in Fourth Grade Classrooms», dans *Journal of Educational Psychology*, vol. 71, 1979, p. 355-362.

GOOD, T.L., «Teacher Expectations and Student Perceptions: A Decade of Research», dans *Educational Leadership*, vol. 38, n° 5, 1981.

GREDLER, M.E., «Bernard Weiner's Attribution Theory», dans *Learning and instruction into Practice*,New York, MacWilliam Publishing Company, 2e éd., 1992, p. 346-393.

GRÉGOIRE, R., *Étude de la pratique professionnelle des enseignants et enseignantes de cégep*, Québec, Conseil des collèges, 1986.

GUDMUNDSDOTTIR, S., *Pedagogical Content Knowledge: Teacher's Ways of Knowing*, Washington, AERA, 1987.

HAYSOM, J., *Inquiring into the Teaching Process: Toward Self-evaluation and Professional Development*, Toronto, OISE Press, 1985.

HOFFBECK, G., et WALTER, I., *Savoir prendre des notes vite et bien*, Paris, Dunod, 1987.

HUNT, D.E., *Matching Models in Education. The Coordination of Teaching Methods with Student Characteristics*, Toronto, OISE, 1971.

HUNTER, M., et BARKER, G., «If at First...: Attribution Theory in the Classroom», dans *Educational Leadershig*, vol. 45, n° 2, octobre 1987, p. 50-53.

HYMAN, R.T., *Ways of Teaching*, New York, J.B. Lippincott Company, 1974.

JACKSON, P.W., *Life in Classrooms*, New York, Holt Rinehart and Winston, 1968.

JACKSON, P.W., *The Way Teaching Is*, Washington, National Education Association, 1966.

JENSEN, A.R., «How Much Can We Boost IQ and Scholastic Achievement?», dans *Harvard Educational Review*, vol. 39, 1969, p. 1-124.

JONES, B.F., PIERCE, J., et HUNTER, B., «Teaching Students to Construct Graphic Representations», dans *Educational Leadership*, vol. 46, n° 4, décembre-janvier 1989, p. 20-25.

JONES, B.F., SULLIVAN PALINCSAR, A., SEDERBURG OGLE, D., et LYNN CARR, E.G., *Strategic Teaching and Learning: Cognitive Instruction in the Content Areas*, Alexandria, Va, ASCD, 1987.

JONES, E.E., et NISBETT, R.E., «The Actor and the Observer Divergent Perceptions of the Causes of Behaviour», dans *Attribution: Perceiving the Causes of Behaviour*, éd. E.E. Jones, D.E. Danouse, H.H. Kelley, R.E. Nisbett, S. Valins, B. Weiner, Morristown N. J., General Learning Press, 1972.

KAPLAN, R.M., et PASCOE, G.C., «Humorous Lectures and Humorus Examples: Same Effects upon Comprehension and Retention», dans *Journal of Educational Psychology*, vol. 69, n° 1, 1977, p. 61-65.

KLAUSMEIER, H. J., JETER, J.T., QUILLING, M.R., et FRAYER, D.A., *Individually Guided Motivation*, Madison, Wisc., Research and Development Center for Cognitive Learning, 1973.

KNAPPER, C.K., *Is What You Teach What They Learn?*, Instructional Development at Waterloo, Bulletin pédagogique de l'Université de Waterloo, n° 23, janvier 1987, p. 1.

KULIK, J.A., et KULIK, C.C., «College Teaching», dans *Research on Teaching: Concepts, Findings and Implications*, Peterson, P.L., et Walberg, H.D., éd., Berkely, Mc Cutchan, 1979.

LAMARZELLE. G. de, *La crise universitaire*, Paris, Librairie académique Perrin, 1900, p. 95.

LEINHARDT, G., et PUTNAM, R.T., « The Skill of Learning from Classroom Lessons », dans *American Educational Research Journal*, vol. 24, n° 4, 1987, p. 557-587.

LIEBERMAN, M., *Education as a Profession*, Englewood Cliffs, N.J., Prentice-Hall, 1956.

LINDSAY, N., et NORMAN, D., *Traitement de l'information et du comportement humain; une introduction à la psychologie*, Montréal, Études vivantes, 1980.

MADDOX, H., et HOOLE, E., « Performance Decrement in the Lecture », dans *Educational Review*, vol. 28, 1975, p. 17-30.

MAURY, J.P., *Comment la Terre devint ronde*, Paris, Gallimard, 1989.

MAYER, R.E., « Can Advance Organizer Influence Meaningful Learning ? », dans *Review of Educational Research*, vol. 49, n° 2, 1979, p. 382.

MERRILL, M.D., et TENNYSON, R.D., *Teaching Concepts : An Instructional Design Guide*, Englewood Cliffs. N.J., Educational Technology Publications, 1977.

MILLER, G.A., « The Magical Number Seven, Plus or Minus Two : Some Limits on our Capacity for Processing Information », dans *Psychological Review*, vol. 63, 1956, p. 81-97.

NAISBITT, I., et ABURDENE, P., *Re-inventing the Corporation*, Warners Books, 1985.

NORMAN, D.A., *Memory and Attention*, New York, John Wiley and Sons Inc., 1976.

PARÉ, A., « L'acte d'enseigner, geste d'art, source de perfectionnement », dans *Prospectives*, vol. 19, n° 4, décembre 1983, p. 180.

PERKINS, D.N., et SALOMON, G., « Teaching for Transfer », dans *Educational Leadership*, vol. 46, n° 1, septembre 1988, p. 22-32.

POSTMAN, N., *Enseigner c'est résister*, Paris, Le Centurion, 1964 : édition anglaise, 1981 : édition française.

PROST, A., *Éloge des pédagogues*, Paris, Seuil, 1985.

RESNICK, L., « Mathematics and Science Learning : A New Conception », dans *Science*, avril 1983, p. 477-478.

RESNICK, L.B., « Cognitive Science as Educational Research : Why We Need It Now », dans *National Academy of Education. Improving Education : Perspectives on Educational Research*, Pittsburg, University of Pittsburg, Learning Research and Development Center, 1984.

RESNICK, L.B., « Social Assumptions as a Context for Science : Some Reflections on Psychology and Education », dans *Educational Psychologist*, vol. 16, n° 1, avril 1981.

RICHER, S., « Toward a Radical Pedagogy », dans *Interchange*, vol. 12, n° 4, 1981, p. 46-63.

ROGERS, C., *Children Attributions for Success and Failure in the British Primary School*, Chicago, AERA, 1991.

ROSENSHINE, B.V., « Synthesis of Research on Explicit Teaching », dans *Educational Leadership*, vol. 43, n° 7, avril 1986, p. 60-69.

ROSENTHAL, R., et JACOBSON, « Teacher Expectation for the Disadvantaged », dans *Scientific American*, vol. 218, n° 4, avril 1968, p. 19-23.

ROYER, P.N., « Effects of Specificity and Position of Written Instructional Objectives on Learning from a Lecture », dans *Journal of Educational Psychology*, vol. 69, n° 1, 1977, p. 40-45.

RUSSELL, D., et HUNTER, M., « Planning for Effective Instruction : Lesson Design », dans *Increasing your Teaching Effectiveness*, Palo Alto, The Learning Institute, 1981.

SAINT-ONGE, M., « Apprendre c'est penser », dans *Vie pédagogique*, n° 77, mars 1992, p. 16-21.

SAINT-ONGE, M., « Comment répondre aux besoins des élèves », (à paraître), dans *Vie pédagogique*, décembre 1993.

SAINT-ONGE, M., « L'enseignement des mathématiques et la résolution de problèmes », dans *Vie pédagogique*, n° 79, mai-juin 1992, p. 22-25.

SAINT-ONGE, M., « Les objectifs pédagogiques : pour ou contre ? », dans *Pédagogie collégiale*, vol. 6, n° 2, décembre 1992, p. 23-28 et vol. 6, n° 3, mars 1993, p. 10-15.

SCHWAB, J.J., « Education and the Structure of the Disciplines », dans *Science, Curriculum and Liberal Education*, Chicago, University of Chicago Press, 1978.

SCHWARTZ, B., *L'éducation demain*, Paris, Aubier-Montaigne, 1974.

SCHWARTZ, S.H., « Modes of Representation and Problem Solving. Well Evolved is Half Solved », dans *Journal of Experimental Psychology*, vol. 91, 1971, p. 347-350.

SHERMAN, T.N. *et al.*, « The Quest for Excellence in University Teaching », dans *Journal for Higher Education*, tome 48, n° 1, 1986, p. 66 à 84.

SHULMAN, L.S., « Knowledge and Teaching : Foundations of the New Reform », dans *Harvard Educational Review*, vol. 57, 1987, p. 114-135.

SLAVIN, R.E., « A Theory of School and Classroom Organization », dans *Educational Psychologist*, vol. 22, n° 2, 1987, p. 89-108.

SMITH, F., *La compréhension et l'apprentissage*, Montréal, Les Éditions HRW ltée, 1979.

SMITH, L.R., et COTTEN, M.L., « Effect of Lesson Vagueness and Discontinuity on Student Achievement and Attitudes », dans *Journal of Educational Psychology*, vol. 72, 1980, p. 670-675.

SVINICKI, M., « It Ain't Necessarily So : Uncovering Some Assumptions About Learners and Lectures », dans *To Improve the Academy : Resources for Student, Faculty and Instructional Development*, P.O.D. (The Professional and Organizational Development Network in Higher Education), 1985.

THYNE, J.M., *Psychologie de l'apprentissage et techniques d'enseignement*, Neuchatel, Éditions Delachaux et Niestlé, 1974.

TULVING, E., *Elements of Episodic Memory*, London, Oxford University Press, 1983.

VISPOEL, W.P., et AUSTIN, J.R., *Children's Attributions for Personal Experiences in English, Math, General Music and Physical Education*, Chicago, AERA, 1991.

VYGOTSKY, L.S., *Thought and Language*, Cambridge, M.I.T. Press, 1962 : édition américaine, 1934 : édition russe.

WEIMER, M., *Improving your Classroom Teaching*, London, Sage Publications, 1993.

WEINER, B., « A Theory of Motivation for Some Classroom Experiences », dans *Journal of Educational Psychology*, vol. 71, 1979, p. 3-25.

WIGGINS, G., « The Futility of Trying to Teach Everything of Importance », dans *Éducational Leadership*, vol. 47, n° 3, novembre 1989, p. 44-59.

WILLIAMS, F.E., et EBERLE, R.F., *Content, Process, Practice : Creative Production in the Classroom*, Edwardsville, Ill., Creative Concepts Unlimited, 1968.

WITTROCK, M.C., « Student's Thoughts Processes », dans *Handbook of Research on Teaching*, New York, MacMillan Publishing Company, 1986, p. 297-314.

WONG, P.T., et WEINER, B., « When People Ask Why, Questions and the Heuristics of Attributional Search », dans *Journal of Personality and Social Psychology*, vol. 40, 1981, p. 650-663.

YERKES, R.M., et DODSON, J.D., « The Relation of Strength of Stimulus to Rapidity of Habit-formation », dans *Journal of Comparative Neurology of Psychology*, vol. 18, 1908, p. 459-482.

Moi

j'enseigne,

mais eux

apprennent-ils ?

a été publié,
à l'origine,
sous forme d'articles
dans la revue
Pédagogie collégiale,
éditée par l'AQPC.

Il est possible de s'abonner à *Pédagogie collégiale*, qui paraît en octobre, décembre, mars et mai, en communiquant à l'adresse suivante :

AQPC
7000, rue Marie-Victorin
Montréal (Québec)
H1G 2J6

Téléphone : (514) 325-0150, poste 2210
Télécopieur : (514) 328-3850

aqpc
Association québécoise de pédagogie collégiale

Ouvrages publiés dans cette collection

1. **Faire participer l'élève à l'évaluation de ses apprentissages**

Cyril DOYON - David LEGRIS-JUNEAU

2. **Former des adultes en milieu multiethnique**

Monique OUELLETTE

3. **Propos sur la résolution de problèmes**

Ghislain DESMEULES

4. **Moi j'enseigne, mais eux apprennent-ils? 2e édition**

Michel SAINT-ONGE

5. **Devenir efficace dans ses études**

Christian BÉGIN

6. **Les petits groupes d'apprentissage dans la classe**

J. REID, P. FORRRESTAL et J. COOK, adaptation de Louise LANGEVIN

7. **Gérer l'éternel triangle Élèves, professeurs, école**

Claude LAMARCHE

transcontinental
IMPRESSION
IMPRIMERIE GAGNÉ

IMPRIMÉ AU CANADA